部下育成に悩む上司の

視点・盲点・思い込み

上司の壁

部下を育てるにはまず「認知」を機能させよ!

白戸三四郎──著

経済法令研究会

はじめに
～部下育成マネジメントにおける不都合な真実～

「やる気がないなら辞めろ！　君の代わりはいくらでもいるんだぞ！」

１９９３年、新社会人となった私に、上司から浴びせられた容赦ない言葉は私を打ちのめしました。ただただうつむいて嵐が過ぎ去るのを待ち、永遠の時間に感じられた説教からようやく開放された私は、哀れむような先輩諸氏の視線から逃げるようにトイレに直行します。

悔し涙を拭い、気持ちを落ち着ける間に、会社を辞めたほうがよいのだろうかという考えと就職を喜んでくれた両親の顔が交互に浮かびます。

明日になったら上司が転勤でいなくなってくれないかな、台風が来て出社できなくならないかな、などと妄想に逃げ込むことも多くなりました。

毎朝、会社で上司の顔を見るたびに胃がキュッと痛みます。今日も機嫌が悪そうだな、また呼ばれて気分で怒鳴ってくるんだろうな、と上司の顔色をうかがうのがルーティンになっていきました。

若手が少ない部署でしたので、雑務はほぼ全部自分に集まります。毎朝8時前に出社して、深夜0時近くまで会社に残っても仕事が片付かない日々が続きます。気がつけばその上司の顔を見るのも辛くなり、塞ぎ込む日が増え、ついには2年目の終わりに過労で入院してしまいました。

そんな私でしたが、入社10年も経つと、部下を持って数字を追いかける立場になりました。

「昔の上司は育成が上手だった」という意見を耳にすることがあります。

ちゃぶ台をひっくり返すようで恐縮ですが、人はある程度の年数を会社で過ごせば一定のスキルが身につき、後進に何らかの指導ができるようになるものです。人が辞めない時代、もしくは人的資源が豊富に手に入った時代の成功体験を、自分の能力と勘違いすることは避けなければいけないでしょう。

今の時代に人材育成を考えるうえでまず押さえるべきは、現場の課題が**クローズドタスク中心からオープンタスク中心へと急速に移行している**ということです。

クローズドタスクとは、業務知識の蓄積や事務などのルーティンワーク、資格試験など、「マニュアル」や「正解」で一定レベルの水準に到達できる仕事のことです。

一方のオープンタスクとは、コミュニケーションやメンタル、人間関係、キャリアなど部下一人ひとりの価値観や状況、環境の変化への対応が必要な、正解が1つではない課題のことです。

前職では、パワハラ上司は「パ・リーグ」、セクハラ上司は「セ・リーグ」と陰口を叩かれていました。両者が打ち合わせや飲み会をしていると「セ・パ交流戦をやっている」といった具合です。しかし、あの上司におびえていた私も、気がつけばパ・リーグの首位打者と呼ばれるほどの怖い上司になっていました。

部下をコントロールしようとすればするほど、自分が望む方向からズレていきます。それに対して、「なんで君たちは私と同じように考えられないんだ！」と、毎日、部下の前でイライラを隠すことなく仕事をしていました。

裸の王様だった自分を棚に上げて、「リーダーシップ術」や「効果的なチームビルディング」などのビジネス書を読みあさりましたが状況は変わりません。徐々に部下が辞めたり休みがちになったり、サボるようになりました。

そんな状況に何も手を打てない私は、やがて、部下十数人との関係に決定的な亀裂が入ることでやっと自分の過ちに気づくことができました。

それからは、周りにイライラした姿を見せたり暴言を吐くのを辞め、部下の苦言や意見を聞くようにしました。部下との関わりを変えることで部下の表情が明るくなり、低迷していた成績は上がっていきました。

とはいえ、人が一定数集まる以上、組織の問題が完全に解決することなどあり得ません。

その後も試行錯誤は続きました。

最近では、「心理的安全性の確保」「コーチング」「1on1ミーティングの実施」などすばらしいマネジメント手法が数多く紹介されています。にもかかわらず、上司のお悩みや問題は年々増加の一途をたどっています。ということは、このオープンタスクの時代には、どんな部下でも育てられるノウハウやスキルはどこにも存在しないという前提で育成に臨む必要があるということです。

私は長年、企業研修を行ってきて、どんなに優れたマネジメントのノウハウであっても、それを使う上司の認知が機能しなければ役に立たないということを強く意識するようになりました。

本書で伝えたいことは、**上司は自分の言動と認知を機能させ、状況や環境に応じてアップグレードし続けなければならない**ということです。「認知」とは、物事の捉え方や受け取り方、解釈や視点のことです。「機能する」とは「目的と手段を一致させる」ことをいいます。

マネジメントのノウハウは、それを使う人の認知が正しく働いて初めて機能するものなのです。

たとえば、表情の暗い若手から笑顔を引き出すために、なぜか「もっと笑顔にならなきゃダメだぞ！」と叱る上司がいます。これは「目的と手段が一致していない」状態です。もし、笑顔にさせることが目的ならば、気遣ったり、仕事への取組みをほめたりすることのほうが効果的です。なぜ私たちが、遂げたい目的に対して手段を間違えるのかというと、私たちの認知に「**バイアス**」が働くからです。

バイアスとは、**非合理的な判断につながる思い込みや先入観、偏見や思考のクセを指します。**

バイアスにはメリットもあって、たとえば、状況が変わったときに熟考しなくても過去の経験から瞬時に答えや判断を導き出すことができます。一方で、瞬間的な判断をすることによって、失言が増えたり、人はみんな違うはずなのにわずか数種類のタイプに当てはめて理解した気になったり、失敗には複雑な要素が絡んでいるのに1つの原因を追及したり、「あいつがルーズだから失敗した」などの自分が納得しやすい結論に飛びついてしまうデメリットが伴います。

つまり、バイアスが強い人は、自分の過去の成功体験や価値観が時代や環境や正しい認識とズレていても気づかなかったり、過剰な感情を使って相手を動かそうとするなど、合理的ではない行動をしてしまうのです。

私の研修では、上司の皆さんから毎回さまざまな質問を頂戴します。その数は年間で5000個を超えます。本書で取り上げている53個の質問は、全国の管理職が直面している**今、まさに現場で困っている上司のリアルなSOS**です。部下育成に正解はないのに、出てくる質問は全国どこに行っても同様のものが多いということは、まさにここに上司が抱える「壁」が存在するのだと思いました。

部下育成を行う上司には、2つの「壁」が存在すると思います。1つは組織の人員減や景気などの環境や働くことに対する価値観の変化、転職市場の活況による離職問題、リモートワークに代表されるテクノロジーの変化など、**「外部要因による壁」**。もう1つは、部下に対して感情的になったり、レッテルを貼ったり、自分のこだわりやプライド、「自分はこのままで大丈夫」といった認知バイアス（=機能しない思い込み）が生む上司自身の**「内部要因による壁」**です。

上司の役割は、「自分ではない他人を使って組織の成果や生産性を上げる」という超難問に取り組むことですが、人によっては、

「育てるなんておこがましい。人は育てるものではなく育つものだろう」

「自分は上司に放っておかれた。育てられた覚えはないけど、ちゃんと育った」

「今の子が甘やかされている」

とお考えの方もいらっしゃると思います。そこで、いったん立ち止まって、

「この視点は欠けていないだろうか？」

「自分のこの考えはそんなに重要だろうか？」

「そこまで気にすることだったかな？」

「この手段は持っていたかな？」

といった、ふだん気がつかない観点から本書をお読みいただき、そのうえで、

「いやいや、そうじゃないだろ」

「なるほど、これはやっていなかったな」

「自分ならこう答えるね」

「この著者だってバイアスが強いよな」

など、さまざまな角度からクリティカルに（批判的に）思考してもらうことで、ご自分のマネジメントを振り返っていただくことが狙いです。

本書が「一生懸命やっているのに部下が育たない」「せっかく部下を育てても辞めていく」「今の子たちは何を考えているのかわからない」とお悩みの皆様に、新しい視点や考えに想いを馳せていただき、引出しが増えるお手伝いとなれば幸いです。

目次

第2章　期待の壁

──部下に期待する上司ほど不満が増える

第3章

支配欲の壁

——権力を使わずに部下を動かす工夫と対話

第4章

人間関係の壁

―「人の心」の学びと理解と共感と

第5章 価値観の壁 ―世代ギャップと認知ギャップの乗り越え方

序　部下育成と〝メタ認知〟

■自分が育てられたように部下を育てることのできない時代に

私は今50代ですが、私の仕事への価値観は前職の時々に仕えた上司、今の70代前後の方の教えが何割か入っています。どの世代の方も、おおよそ自分の年齢プラス10～20年くらい上の方の影響を受けて育ってきたのではないでしょうか。

現代のような大転職時代は２００９年頃に始まったと言われますので、多くの会社員が今ほど転職という選択肢を持っていなかった最後の時代を会社員として過ごしました。

先輩方からは厳しくも温かいご指導や薫陶を受け、気がつけば自分のポジションが上がり、部下・後輩が増え、自分がされてきたように彼らを飲みに連れて行き、悩みを聞きました。仕事の締切り意識を醸成するために、自身は嫌われ役となって怖い顔を見せながら緊張感を持たせ、目標達成の暁にはお祝いと称してまた飲みに行き……といった日々を繰り返していました。

途中で辞める部下もいましたが、一方でたくましく育つ部下もいたため、自分のやり方を疑うことはありませんでした。また、毎年自動的に新人が入ってくるため、辞めた人間のことはすぐに忘れ、再び業務に忙殺されていきました。

戦後の日本の企業の部下育成は、アメリカから導入された「指導者（監督者）訓練プログラム」というものをベースに、〝飲みニケーション〟を代表とする、日本独特の文化や慣習を加えた教育プログラムが用いられてきました。それは「**指導者の能力を上げ、組織に与えられた目標を諦めずに最後までやり遂げることを最大のゴールにすれば必ず人は育つ**」という考え方です。

このプログラムが高度経済成長期に花開き、成果を挙げた人たちが次々と管理職となり、彼らの成功体験を軸にした指導が継承されていきました。人が辞めない時代はＯＪＴを中心とした、叱咤激励・率先垂範・戦略実行・残業奨励・猪突猛進・上意下達の教育が機能したのです。

しかし、こういった伝統的な部下育成手法は、社会の要請に応えた、コンプライアンス、ハラスメント、メンタルヘルス、ブラック企業といった概念が生まれるとともにターニングポイントを迎えます。時代の変化のスピードが、指導者の過去の体験や人間力だけで対応できるほど緩やかではなくなったのです。

オープンタスクの時代を生き延びるためには、トランジションが必要です。トランジションとは、新しい役職や立場になったタイミングや対処できない壁にぶつかった時に、自分の常識や価値観をいったんリセットし、物事を再定義したり、行動変容を試みることをいいます。

部下育成は、上司がトランジションを果たしたうえで、部下をどのような姿にしたいのか、そのために必要なことは何か、自分ができることは何か、といったことを考えることに加え、もう一つ大切な要素があります。

それは、**部下自身も「この仕事は自分の未来につながっている」「この職場にいることは自分のキャリアにとって大切な時間である」という認識を持つことです。**上司と部下の双方が「成長する」ことに共通認識を持たなければ育成はうまくいかないのです。

企業が人を育てる究極の目的は、シンプルに「**生き残ること**」です。部下育成を考えることとは、企業と上司・部下自身が生存戦略を考えるということです。私たちは、先人たちが途方もない時間と苦労の末に手に入れたリソース(情報や知恵、ノウハウ、人材)を次世代に引き継ぐためにも人材育成にこれまで以上に取り組む必要があるのです。

■上司のマネジメント力をアップグレードする「メタ認知的知識」とは

「人を育てる」という正解がない仕事について、私が今注目しているのが「認知科学」というジャンルです。認知科学とは、心理学や言語学、教育学から哲学までを内包した「人の認識」に関する研究をいいます。たとえば、「変化に直面した人の心には何が起きているのか？」「人はなぜ意志決定を間違えるのか」という認知のメカニズム研究は奥が深く、今後も研究が進んでいくと思います。

中でも「**メタ認知**」は上司のマネジメントに必須の概念です。この言葉が使われるようになったのは割と最近で、１９７０年代にアメリカの発達心理学者のジョン・フラベルが提唱しました。メタ認知を一言で言うと、「自分の認知を認知している状態」で、**自分が考えていることや自分の状態や取り巻く環境を俯瞰する力**だと思ってください。

トップアスリートは、このメタ認知を使ったセルフモニタリングが得意です。自分の身体の状態がふだんとどう違っているのかを発見し、言語化します。さらに、トレーナーと一緒に修正し、心身をベストな状態に近づけていきます。

私たちは、困難にぶつかったとき、「どうしたら解決できるだろうか？」と考えることができます。その際、現状把握、要因分析、手段の選択等を行うわけですが、そのときに用いる問題解決の精度を高める知識を「**メタ認知的知識**」と呼びます。もし、人に関する問題を解決したいなら、「人に関するメタ認知的知識」があったほうが修正が早くなるわけです。

たとえば家庭菜園の野菜がしおれているとき、水や肥料を与えれば元気になる可能性があることを私たちは知っています。こういった知識もメタ認知的知識の1つです。人を育てるうえでしてはいけないこと、したほうがよいこと、人の行動特性などの知識を幅広く持つことは育成の力になります。

具体的には、

- 人は成功より失敗から多くのことを学べる
- 人は嘘をつくことがある
- 人の記憶は曖昧だ
- 人は一度に大量のことは覚えられない
- 人は尊厳を傷つけられるとマイナス感情を持つ
- 人によって物事の受け止め方は違う
- 人はうっかりミスをする、判断を間違える
- 人の心は些細なことで日々上下する
- 人は否定されるとやる気を失う
- 人を評価で動かすと挑戦意欲を失う

・考えを整理するためには、対話や書き出すことが有効である
・他人にチェックしてもらうと仕事のミスが減る
・アイデアは何気ない雑談から生まれることが多い

……等々、これらが大きく間違ってはいないことを皆さんは〝知って〟いることでしょう。

しかし、頭ではわかっているはずのこれらメタ認知的知識とはかけ離れたことが職場では往々にして行われています。たとえばあなたの職場では「人は一度に大量のことは覚えられない」と知っていても、上司が「いいか、一度しか言わないからよく聞けよ！」と言うなどのおかしな指導が行われていないでしょうか。こういったことに気がつかないことがバイアスの仕業であり、「なんだかおかしい」と気づき、違和感を持つ力がメタ認知なのです。

「人は失敗から学ぶ」というメタ認知的知識がありながら「失敗をするな！」と言い、「人は否定されるとやる気を失う」と知りながら、できなかった点ばかりを見つけて叱るのはなぜなのでしょう。私たちの認知に何が起きているのでしょうか。

セールス営業の現場でも「人には防衛本能というものがあり、しつこい営業トークを聞くと心のシャッターが閉まる」ことを知りながら、延々と商品説明を続ける人がいます。お客様に嫌われることをわかっていても、上司の「ねばってこい！」の指示に従ってしまいます。

上司が部下を育成するためには、人に関するメタ認知的知識を増やし続けることと、誰しも無意識にバイアスが働いてしまうことを知ったうえでマネジメントに取り組む必要があります。

本書に取り上げた質問には、メタ認知的知識に基づく回答も多数あります。それでは、本題に入っていきましょう。

第1章

育成の手法と視点の壁

――上司の認知バイアスが盲点を生む

Question
質問1

部下育成のゴールとは何でしょうか？

Answer
結論

仕事や利他的行動に対する「内部モデル」ができ上がった状態だと思います。

「育成のゴールとは？」という質問に皆さんは何と答えますか？

- **自分一人で仕事を完結できる**
- **後輩を育てることができる**
- **主体的な行動ができるようになる**
- **リーダーシップを発揮できる**
- **外に出かけて一人で成果を挙げることができる**

など、人によってさまざまだと思います。

自分なら苦労なくこなせる仕事を、できない相手に言葉で教え、意味を持たせ、やる気を出させ、間違いを指摘し、成功体験を積ませ、時にはフォローし……、と上司の育成に関する仕事は尽きません。人は一生涯成長を続ける生き物ですから、果たして育成にゴールなどあるのでしょうか。

現時点での私は、**「内部モデルができあがった状態」**と考えています。

内部モデルとは、自分を取り巻く環境の仕組みを経験、理解、分解することで有益な情報に変換して自分の内側に取り入れたり、予測や仮説を立てるなどのシミュレーションができるようになる神経機構をいいます。

内部モデルができると、現状分析や判断、対処のための情報処理スピードが上がります。外の世界に適応して生き残るためには、問題が起きるたびに誰かの教えや指示を待っていては即応性がなく、リスクが高まるだけですので自ら経験に飛びこませる必要があります。

たとえば、クレーム処理を何度か経験すると、初めは要領がわからずにお客様に怒鳴られていた人が、徐々に「この方はこれ以上言うと怒り出すな」とか「こういうお客様は共感の態度を見せると落ち着くんだな」といったことがわかるようになります。

同様に、自転車に乗る時の感覚、料理の下準備や手順、火加減、寿司職人の握り加減、営業活動でのお客様との距離感等の感覚など、経験が蓄積されると自分ならではのコツがつかめるようになります。これが、内部モデルができ上がった状態です。

育成後の内部モデルとは、

・業務遂行のための知識や技術を身につけ人に説明できる

- **自分で問題や課題を見つけることができる**
- **自分の経験やスキルを組織や仲間のために使うことができる**

の3つが身についた状態を言います。

内部モデルには、**「順モデル」と「逆モデル」の2つの経路があります。**

順モデルは、他人のマネをすることで身につくモデルです。たとえば、電話の受け答えやマナー、メールなどのビジネス文書作成は順モデルによって身につきます。

一方、逆モデルは、経験から学ぶことで身につくモデルです。人は、試してみてうまくいかなかったときに、自分の成功イメージとのギャップを計測して、これくらいの修正を加えれば次はうまくいくだろう、といったフィードバックを得ながら修正をします。スポーツや自動車の運転、営業の上達などは逆モデルが効果的です。

ちなみに、同じ逆モデルでも、途中の経験が成功体験か失敗体験かで、内部モデルのでき上がりやすさに差が生まれます。

人は、行動をする前に、ある程度結果を予測したイメージを作っています。成功した場合は、予測していたイメージと結果とのズレが少ないため、必要な修正は少なくなります。ところが失敗の場合、「おかしい。こんなはずではなかった」という、予測イメージと結果との間に大きな誤差を強く感じます。つまり、失敗のほうが修正量も増えるので内部モデルを作るのには適しているということになります。

ただし、失敗体験の後の強制的な反省に時間を割いたり、本人の実力以上の難易度が高い仕事をさせておきながら失敗したら叱責するような方法では、「自分にはできない」「自分はこの仕事に向いていない」など、マイナスの内部モデルが作られてしまいます。

上司は、部下になってほしい姿と、目の前の仕事がそのゴールに近づくために必要であることを伝えましょう。上司自身が楽しんで働く姿や成長している姿を見せたり（順モデル）、部下が日々の経験から「何が積み上がったのか」「何を学んだのか」を対話によって引き出しながら（逆モデル）、部下を支援してあげてください。

Q uestion
質問2

育成にコストをかけるより、良い人材を中途採用すればよいのではありませんか？

A nswer 結論

そうすると多くの上司の仕事と居場所がなくなり給料も下がると思います。

新人が配属されると決まって「なんでこんなヤツを採ったんだ⁉」と人事にクレームをつけるおっちょこちょいの上司は未だに存在します。

これまでの時代の上司は、評価していない部下や、自分と合わない部下が辞めることをあまり気にかけてきませんでした。それは、大量採用、大量消費の時代が続いた中でできた習慣みたいなものでした。

上司は、部下を辞めさせても、すぐに補充が来ましたし、自分の評価が目に見えて下がることもありませんでした。新人が入っては辞め、辞めては補充が来る状態を繰り返してきた組織が、「この状態がずっと続くとどうなるのか？」を、あまり深く考えずに済んだ時代だったということです。

この人材難の時代に、人事部に文句の電話をかけてしまうような人は「**私には育てる能**

力がない」と大声で宣言をしているのと同じです。人事部にしてみれば「この人の下に大切な新人を配置できない」と思うだけなのですが。

採用と育成は企業存続の両輪なのですが、今のように転職市場が活況で、働き方の価値観が多様化した中で人的資源を確保することは本当に大変です。そのような時代に、テスト結果はバツグン、明るくて誰とでもコミュニケーションが取れ、意欲的で即戦力になる新卒を採用するというのは、ハードルが高すぎる要求です。したがって、今後は即戦力の中途採用者を増やすことも重要な選択肢の一つでしょう。実際に、従業員の3割ほどをスキルの高い中途人材で構成している企業が売上を伸ばしているというニュースも度々耳にするようになりました。

しかし、人を新人の頃から育てることは企業独自のノウハウや文化、忠誠心を継承していくためには効果的な方法です。また、新卒採用をしていかないと、上司であるあなたの給与が下がり、ポストがなくなるおそれがあることも考えないといけません。

なぜなら、新卒入社という能力的、立場的に自分より低い状態で入ってくる学生に対して持っている「人生で初めて接する大人」だからこそ許されていた優位な指導というアドバンテージが効かなくなるからです。さらに、上司が中途人材をうまく使いこなすことができなければ、優秀な人ほど再び転職していきますので、離職の問題は今後もなくなることはありません。

社会をまだよく知らない新人を指導するのと、あちこち転職して、社会を知り、市場価値を高めてきた人を扱うのでは、まったく違うスキルが必要です。中途採用をすれば**新卒に費やしていた教育費と時間は削減できますが、今度は会社に長くいてもらうためのコストとポストが発生する**ということです。中途採用が当たり前の会社では、上司のポストも中途人材が担うことが多いようです。つまり、上司が中途採用者をうまく使えるだけの技量を備えていなければ、自ずと今の居場所から立ち退かなければならなくなります。

「いいからやれ」「仕事なんだからがんばれ」「粘れ」「とにかく動け」と尻を叩かれ、言われたことを必死にこなして成果が出た時代を過ごしてきた人たちが、ここにきて自分が持つノウハウだけでは人を育てられないことに悩んだ挙げ句に「もっと良い人を採用してくれ」という言葉に行き着いている気がします。

ましてや、新卒で入社した部下の「この会社は嫌なので辞めます」「ここは成長できないのでよそへ行きます」という言葉に何も対応できない上司にとっては、中途採用者の育成と指導はさらに難しいことだと思うのです。

変化がゆるやかで人があまり辞めなかった社会においては「どう教えたらよいか？」が問題で、それまでのノウハウがあれば十分でした。しかし、変化が速く大きい社会では、「今、現場で、そして部下の心に何が起きているのか？」など、部下一人ひとりと向き合い徹底的にリサーチし、対応していくことが必要です。そしてそれこそがオープンタスク（正解が1つではない）時代に求められる能力なのです。

中途採用が恒常的になされている企業は別として、中途人材を採用すれば解決するという幻想を持つより、ご縁あって入社してきた部下を、一生懸命育てていくことが上司自身の生存戦略にもなると思います。

Question

質問3

バイアスを排除してメタ認知能力を上げる指導方法とは？

Answer 結論

言語化能力を上げることから始めるとよいと思います。

部下の育成にあたっては、「伝える」「聞く」「受け止める」「思考する」「問う」「させてみる」「ほめる」「叱る」「リアクションする」「判断する」「共有する」等々、数え上げればキリがないほどの〝スキル〟が求められます。

どのスキルも今さら解説をするまでもないことですが、部下の指導においては、上司が今、目の前の相手にどのスキルを発揮して関わればよいかを判断できることが大切です。

その判断を無意識に誤らせる思い込みが**「認知バイアス」**です。認知バイアスを抑え、思考と行動を機能させることに役立つのが**「メタ認知」**の習慣です。

「メタ」とは、「後から」や「上方から」見るという意味のギリシャ語です（2021年に、Facebook社が「超越する」の意味でMeta（Meta Platforms）社に名前を変えましたね）。

つまり、自分の認知を俯瞰するというメタ認知の思考法によって、自分が何を知って何を知らないのか、何を目的にするのか、どこを観ているのか、どんな捉え方をしているのか等に気づけば、判断の誤りを正すことができます。

紀元前5世紀頃、ギリシャの哲学者ソクラテスは「自分たちは物事を知っている」と主張して学ぼうとしない人たちに対して、叱るのではなく、「知っている」と言い張る事柄について質問を重ねていきました。その結果、答えに窮した相手自ら「自分たちは、実はよくわかっていなかった」ということに気づかせることに成功しました。これが、俗にいう「無知の知」です。

指導が難しいと感じる部下に出会ったらそれは上司であるあなたが成長するチャンスです。自分がわかっていると思い込んでいることや当たり前にやってきたこと、組織のルールや慣習について、あらためて考えるタイミングに来ていると思ってください。

具体的には、**自分が今考えていることを具体的に「言語化」してみる**ことが有効です。言語化の基本には**「定義を決める」「具体化する」「疑問化する」**の3つの要素があります。

1つ目の「定義を決める」ですが、特に企業文化において、部下側が上司の意図を察することを求められるという暗黙の了解があります。そのため、上司はあいまいな指示を出してしまいがちです。

上司は部下から「今の指示はわかりかねます」といった言葉が返ってくることが少ないために部下に指示が届いていないことにも気がつきにくいのです。

私も昔、上司に「お客様の潜在ニーズを掘り起こしてこい！」と指示されたときに「潜在ニーズって何だよ……」と、正直よくわかりませんでした。しかし、「どうやって掘り起こすのですか？」と聞いても「そんなことは自分で考えろ！」と言われることはわかっていましたので黙って「はい」と答えるしかありませんでした。

そんな難しい言葉でなくても「お客様の不平不満を聞いてきなさい」と言ってくれれば行動は変わったのだと思います。

また、「これ、早めに頼む」と急ぎの書類を渡され、自分では急いで済ませたつもりが、「遅い！　早めと言っただろう！」と叱られてへこんだこともあります。「早め」という曖昧な言葉は、結局いかようにも解釈の余地が出てきますので、上司は自分の意図を正しく伝えるために、ふだんの自分の言葉の意味を定義し、どんな言葉で伝えるかを考えておきたいものです。

2つ目の「具体化する」は、物事をいくつかのパーツに分けることです。たとえば営業が嫌いな部下がいる場合、営業という言葉の意味に加え、具体的に営業のどこが嫌いなのか掘り下げてみることです。ただのイメージか、実際の体験が原因か、スキル不足か、知識不足か、アポイント取りなのか、訪問時の第一声なのか、雑談なのか、提案なのか、クロージングなのか、反論処理なのか、アフターフォローなのか……このように問題をたくさんのパーツに分けることで、できることや伸ばせること、あるいは気にしなくてもよいことなどが見えてきます（営業嫌いな部下の対処は質問43で詳しく扱います）。

3つ目の「疑問化する」とは、「これはどういうことだろう？」「本当にそうか？」「今必要なことは何か？」「部下からはどう見えるだろうか？」など、物事に対して決めつけるでも無関心でもなく、疑問を持ち続けることです。疑問化の1つに、クリティカルシンキング（批判的思考）があり、騙されにくくなったり、正しい優先順位をつけたり、気がつかなかったことに気づいたり、誤解していた点を正したりするためにも大いに役立ちます。

上司が思いつきと曖昧な指示で部下を混乱させるマネジメントを避けるためにも、思考の土台となる言語化の習慣はおすすめです。

Question

質問4

上司がどんな指導法を学んでも、部下の能力が低ければ意味がないのではありませんか？

Answer 結論

その考え方を認知バイアスと言うのです。

私も30代前半の頃、自分のことを棚に上げて同じように考えていました。

「人なんかそう簡単に変わらない！」

「能力低いなぁ……」

「なんでこんなこともできないかな……」

等々、「部下を育てたい！」と思いながらも周囲には「部下が悪い！」とこぼしていました。思うにまかせない育成の不満を態度にも表して、自分は頑張っているのだから部下のほうが悪いと信じて疑わない上司でした。

新人の頃から超優秀な部下などいませんし、私の場合は部下が成長しないのではなく、自分の引出しを増やす努力もせず、認知を柔軟に変えられず、部下の変化や成長を見つけることができなかったのです。部下にとってはこれ以上の不幸はないのかもしれません。

もしも「人は変わらない」が真実ならば、そもそも上司は必要ありません。自分も新人時代から変わることができたからこそ、上司という役職につけたことを忘れてしまっています。

こうした考え方を、認知バイアスの1つである「**ステレオタイプ**」といいます。たとえば東京の人は冷たい、大阪の人はケチ、のような**根拠のない決めつけ**のことをいいます。仕事であれば「女性は事務が向いている」「営業は男が行かないとお客様に舐められる」「体育会系出身者は頭が悪い」「理系出身者はオタクばかり」など、型にはまった見方をする人は認知を柔軟に変えられない方です。ステレオタイプといえば、巷には、人の性格をタイプに分け、相手に合ったコミュニケーションをしようといったチェックテストがあります。面白いとは思いますが、現場においてはあまり効果や意味がないと思います。

なぜなら人の心や感情は状況や環境、相手との関係性、果ては気温や天気によっても分刻み秒刻みで変わっていくからです。大切なことは、日々変わりゆく部下の考えや感情を観察しながら対話し、価値観を知り、今日は昨日に比べてどんな成長ができたのかを部下と共有することです。

バイアスは、現在わかっているだけで200種類以上あると言われます。上司が言葉にすることと実際の行動がズレてしまう「**言動不一致**」もまた、「バイアスの盲点（自分のバイアスに気づかないこと）」というバイアスに当てはまります。

言動不一致の上司の下にはやる気のない部下が増えます。私が昔仕えた上司は、コンプライアンス（法令遵守）を大切にし、毎日のスローガン唱和や日々の指導でも細かく注意をする方でした。しかしある日、昼食に一緒に出かける途中の赤信号を、気にすることなくスタスタ渡って行ったのです。私たちは、この上司が言うコンプライアンスをどこまで信じてよいものか混乱してしまいました。

その他にも、ふだん「当社はコンサルティング営業だ！　お客様に寄り添う営業を徹底しよう！」と言いながら、締切り日には「今日は締切りだぞ！　お願いセールスでもいいから契約を挙げろ！」と声を上げる上司や、「嘘はつかなくていいですよ。悪い報告も隠さずに私に伝えてください。嘘はいけません」と指導する上司が、役員からの電話には居留守を使っていたり、「あたしはね！　怒って言っているんじゃないのよ！」と怒鳴っている上司など、現場には言動不一致があふれています。

バイアスにはさまざまな種類がありますが、中でも**ステレオタイプや言動不一致は部下の心に直接ダメージを与えるものです。**

部下の能力は初めから高いものではなく、多くの経験や上司を含む他人との関わりによって伸びていくことを知り、部下が言うことを聞かないと嘆くのではなく「自分の指示はわかりにくいのだろうか？」「今動けないのはどんな理由だろうか？」「自分は言動が一致しているだろうか？」と疑問を持ちながら長期的に接していくしかないのです。

Question
質問5

忙しくてコミュニケーションどころではないのですがどうしたらよいですか？

Answer 結論

そういう人はたとえ時間ができてもコミュニケーションをしないと思います。

「コミュニケーション？　そんなものは習うことじゃない」
「コミュニケーション研修？　現場は忙しいんだから勘弁してよーもう！」

こんな言い方でコミュニケーションを軽視する上司を数多く見てきました。そもそもコミュニケーションは、時間ができたからするものではなく、プロジェクトや企画の推進、物事の変化・改革、人間関係の改善・問題解決などの目的を達成するための有効な「手段」だと認識しましょう。

仕事というものは、日々押し寄せる課題や問題を解決することですので、時間がないからコミュニケーションができないという人は、**「時間がないから仕事ができない」「時間がないから問題を解決しない」と言っているのに等しい**のです（思考やコミュニケーションをしなくてもできる仕事を〝作業〟といいます）。

私は昔、職場で「試験勉強をする時間がないんです」とこぼすたび、上司に「何言ってるんだ。時間は作るものだぞ」と叱られました。「育成にあてる時間もコミュニケーションする時間もない」と思っている方は、部下に「時間は作るものだぞ」と言えなくなりますね。

コミュニケーションの重要性を理解していない上司は、時間ができたとしてもコミュニケーションをとりません。時間ができればできたで、その時間を他の仕事に費やすからです。大量のメールや通達を処理し、書類の整理や打合せを始めるでしょう。

私自身、時間の使い方の優先順位で、部下とのコミュニケーションを一番後回しにしていました。部下との面談の予定も仕事が入れば簡単に「ごめん！　今日の面談、明日でもいいか？」とリスケしていました。その後、面談でも一方的に喋りまくって「何かある？」「いえ……ありません……」と、対話ともいえないやりとりを繰り返すばかりでした。そんな態度でいながら「俺は部下とコミュニケーションができている」と思い込んでいたのですから、おめでたい上司でした。

コミュニケーションの力と重要性を理解しない上司がいる組織はきっと、**知らないうちに生産性が下がり、気がつかないうちに笑顔が減り、いつの間にか人が辞めていきます**。忙しくてコミュニケーションどころではない状況という認知を持つ上司は、そんな未来の入口に立っていることと同じなのです。

Q
uestion
質問6

人が減ってOJTが機能しない場合はどうしたらよいですか？

A
nswer
結論

つきっきりで教えるOJTから、OSTに変えてはいかがでしょうか。

OJT（オン・ザ・ジョブ・トレーニング）とは、上司・部下の関係性において、一対少人数で業務知識や技術を伝達する指導方法です。

戦後、復興を目指す企業は、年功序列制と賃金が右肩上がりの終身雇用システムを背景に、長時間労働と試行錯誤の末に身につけた知識、ノウハウ、成功体験を直接マンツーマンで教え込んできました。給与も意欲も高い上司をお手本に、いつかは自分もこうなりたいと思った若手を、厳しい指導や長時間労働にも耐えうる部下に育てあげることに成功した時代だったのです。

OJTが機能しなくなった、と言われる時代は過去にもありました。1970年代に入ると、第1次ベビーブームに生まれた新人が大量に入社してきたため、上司の数が足りずにマンツーマンの指導が機能しなくなってきたのです。そこで、新人教育の効率を上げるために

「教育設計理論」というものが導入され、OJTで培った上司の経験や知識を体系化し、短時間でインプットするためのカリキュラムが大量に作られるようになりました。この同じ教育を大人数に一律に伝える教育手法を、OFF-JT（研修）と呼びます。OJTとOFF-JTの2つはお互いを補填しながら部下育成に寄与してきました。

私は、OJTは効果的であるとの認識を持ちながら、概念そのものを、今、見直す時に来たのだと思っています。

つまり上司が知っていること、教えられることだけを上下の関係性の中で教え込んでいた仕組みが時間や人が足りないために機能しないのであれば、上司の考え方や行動や研修をオープンタスクの時代に合わせていくしかないということです。

どういうことかというと、たとえ短時間であっても、**互いの思考や想いを共有するOST（オン・ザ・シェア・トレーニング）**を重視するという考えを持つことです。

その具体的な柱は2つです。

1つ目は、部下と一緒にいる時間が短かったとしても上司自らが学んだり、挑戦を続けるなど、変化の時代を生き残っていくための**姿勢を「見せる」**ことです。

2つ目は、1日に3〜5分でよいので、**部下との対話の中で互いの思いや疑問を「共有」する**ことです。

限られた時間を上司が一方通行で教えることに使うのではなく、**部下が日々感じている疑問の解消や思いを受け止める**ために使ったほうが効果的です。

たとえば部下に向けて「今、疑問に感じていることは?」「入社してからのギャップはどんなこと?」「こんなこと聞けないなと思っていることはない?」といった、部下の心に積もったモヤモヤを吐き出してもらったり、「自分が上司でいる2年、3年の間に、あなたをこのように育てたいと思っているんだけど、あなたは会社でどんな成長をしたいの?」といった、将来への希望やイメージを共有する問いかけを行い、自分自身の心と向き合わせましょう。そのうえで、「半年以内に○○を習得してもらい、1年後には後輩が入ってくるから、あなたの経験を後輩に伝えてほしい」など具体的な目標についても伝えられるとさらによいと思います。

上司との対話による共有がないまま忙しすぎる日々を過ごしていると、仕事の意味や将来への展望が持てなくなってしまいます。部下が仕事に慣れてくると「何でこんなことをさせられているんだ」「このやり方は納得できない」という不満が増えていきます。そうなると、もはやOJTという育成手段の問題ではなくなってしまいますから、教えることより「シェアする」に切り替えていくことが解決策になります。

Q uestion
質問7

指導とパワハラの境界をどこに引くべきでしょうか？

A nswer 結論

あえて線引きが必要だと感じるのでしたら、従来の指導方法が間違っています。

カラオケに行って「おーい、お前たち歌え！」と強要すれば「カラハラ！」、「いいから、飲め飲め！」と酒をすすめれば「アルハラ！」、服装を指摘したら「セクハラ！」、手品を飲み会で披露すれば「マジハラ！」……？　なんでもかんでも「ハラスメント」という言葉で、自分の周りから「不快」を排除しようとする動きは私も憂慮しています。

以前であれば職場の潤滑油でもあったことが、文化や価値観を異にする側からの、〝ハラスメント〟という便利な言葉によって消されていくことは、企業の未来にとって本当に良いことなのかな……と疑問を抱いてしまう私も、時代からズレているのでしょうか。

とは言え、もし皆さんが「自分の指導はハラスメントと言われないだろうか？」と心配されるのであれば、**従来の指導方法を変えるタイミングが来た**のだと思います。自分の指導を振り返るときはこう考えてみてください。「部下に指導する自分の姿が、ＳＮＳや朝のワイドショーで流れたとしても、堂々としていられるだろうか、会社は評判を落とさないだろうか？」と。それがだめだと思われるなら、おそらくハラスメントと言われても仕方がない水準なのかもしれません。

私には日頃から不思議に思っていることがあります。それは、ハラスメント事案が起きると、決まって社内の管理職に向けてハラスメント研修が行われるのですが、このときなぜ若手や役職に就いていない方たちを研修対象にしないのだろう？　ということです。また、研修を受けた方が職場に戻って部下に共有している話もあまり聞いたことがありません。

指導をハラスメントと言われないために大切なことは、次の3つです。

- **上司が自分の指導を客観的に見ること**
- **ハラスメントの定義や事例、メンバーの感覚を組織で共有すること**
- **部下と人間関係を創り維持すること**

今、これだけハラスメントを原因とした種々の問題が話題になっているのに、自分の言葉や態度が相手の人格を傷つけているのかも、と思い至らないような感性の方は、部下を持ってはいけないのだと思います。

念のため、厚生労働省がいわゆる「パワハラ防止法」に定めたハラスメントの基準を見てみますと次のとおりです（令和4年4月からすべての規模の企業が対象）。

①**優越的な関係を背景とした**
②**業務上必要かつ相当な範囲を超えた言動によって**
③**労働者の就業環境が身体的・精神的苦痛によって害されるもの**

簡単に言えば、

- **人格否定をする**
- **過度な身体接触を行う**
- **プライバシーに過度に立ち入る**
- **過度または過小な業務を割り振る**

などがハラスメントに当たるということです。

若手も含め、**組織の共通理解としてハラスメントの基準を細かいところまで共有しておく**ことは大切です。一例として、部下がハラスメントだと感じる上司の発言例について匿名のアンケートを取って共有している職場があります。

私も若手時代、バカ、アホ、てめえ、君の代わりはいくらでもいるんだぞ! といった言葉をしょっちゅう上司にもらっていました。当時は、言われても仕方がないという思いもあり、ひたすら我慢していました。しかし、その上司は、私たちが何も言わなかったためか、異動先の部署でも同様のパワハラ発言を続け、スピークアップ(内部通報)窓口に告発されてしまいました。自分がどんな言葉を発しているのか、そして相手がそれをどう受け取っているのかという客観的な判断や周囲との情報交換ができていなかったのが問題だったと思います。

似たような話で「部下のプライベートを聞いてもいいのでしょうか」と心配される上司はたくさんいらっしゃいます（質問33で解説しています）。研修で若手に聞くと、皆さん「常識の範囲なら聞かれても何も問題ない」と口を揃えます。しかし、中には「この間、上司に〝日曜日、車がなかったけどどこかに出かけていたのかい？〟と尋ねられてゾッとしました」といった話もあり、さすがにこれは上司の感性が疑われます。

上司としては指導とハラスメントの境界でビクビクするのではなく、部下と互いの価値観について対話したうえで**ハラスメントのない組織を作るという目的を共有すること**に尽きます。

今後も「〇〇ハラ」が増えていくことは避けられなさそうですが、結局この問題も、部下との対話と共有、そして相互理解が足りないことが大きな要因であるということがここでの結論です。

Question

質問8

リモートワークのせいで職場のコミュニケーションが希薄になったのですがどうしたらよいですか？

Answer 結論

今まで表面化していなかった上司のミス・コミュニケーションがリモートワークで露呈してしまったのだと思います。

あなたがもし、部下が目の前にいないことでコミュニケーションが希薄だと感じるのでしたら、おそらく**これまでの部下とのコミュニケーションの中身がもともと薄かったの**かもしれません。さらに、部下が在宅で仕事ができているのか不安になるあまり、仕事の確認しかしなくなったことが「希薄」の正体だと思います。

一方、若手に聞いてみますと、上司の皆さんほど「コミュニケーションが希薄になった」とはあまり感じていないようです。なぜなら、それまでの飲み会やランチ会でも、喋っているのは主に上司だったからです。部下はリモートワーク前も後も、もともとそんなに上司と話していないのですから、**ふだん喋っていた上司だけが「コミュニケーションが減った」と感じやすい**のかもしれません。だとすれば、ふだんのコミュニケーションを見直すよい機会と捉えましょう。

リモートワークの導入前は、目の前に部下がいましたので、仕事の進捗は会話をしなくてもなんとなく把握できていました。何かあればすぐに呼べましたし、通りすがりに「どう？最近は」と声かけもできました。決して「濃い対話」ではありませんが、同じ空間にいることでコミュニケーションを交わしている感覚が手に入りました。

しかし、リモートワークでは部下が目の前にいませんので、

「あいつ、今ごろ家でサボってるんじゃないのか？」

「ちゃんと仕事してるのか？」

という不安が生じ、その解消のために仕事の進捗状況などをいつも以上に聞いたり、報告のための打合せや会議を増やし、少しでもサボらないようにと業務指示の数を増やします。

しかし、そういった場でもやはり喋っているのは上司だけなのです。

このように、リモートワークという要因以上に**上司のミス・コミュニケーションが増え続けている**ことが、この問題の本質のように感じます。

リモートワークがない職場でも、コロナ禍で飲み会やランチ会の機会も減りましたから、コミュニケーションの機会が減ったと感じることもあると思います。

実際には、人間は言葉による会話だけがコミュニケーションではありませんから、リアルの職場で、同じ空間にいること自体にも大きな意味があると思います。

上司としては、早くリモートワークが終わって通常モードに戻らないかな、と嘆くのではなく、この機会にリモートの会議システムを勉強しておきましょう。チャット機能なども使いながら仕事以外の会話も大切にするなど部下のアウトプットを増やし、同時に**自分のコミュニケーション能力を高めていく機会として、部下との接点を増やしていくべき**だと思います。

Question

質問9

部下のオンとオフを切り替えるための指導方法とは？

Answer 結論

「オンとオフ」ではなく「インとアウト」を切り替えましょう。

「土日はゆっくり休めよ。オンとオフを切り替えることも大切だからな」そんなことを言われた人は多いのではないでしょうか。

皆さんは「オンとオフを切り替える」という言葉をどういう意味で使っていますか？　おそらく、平日の仕事で心が疲れていたり、ミスなどを引きずったまま来週に持ち越さないようにリフレッシュをしてきて欲しいという意味で使う方が多いと思います。

「オンとオフを切り替える」という言葉は、一説によると、日本の高度経済成長期に、物作りの現場にオートメーションシステムが導入された際、一日中ベルトコンベアを眺めて同じ作業をする方々に向けて、休日は仕事のことを忘れて羽を伸ばせよという意味で使われていた言葉だと聞いたことがあります。

あなたがオートメーション業務であったり、毎日同じルーティンを繰り返すような、変化が少ない仕事に携わっているのでしたら、休日は仕事から離れることで自然とオフ状態になっていくと思います。

しかし、もしもあなたがサービス業や研究職など、常に思考する必要がある仕事に従事しているようでしたら、**オンとオフは無理に切り替えようとしてはいけません。**なぜなら、仕事中も常に変化や判断に対応して脳をフル回転させている人は、休日の買い物やレストランの接客、読書やテレビなどからの刺激や、入浴中にぼんやりした合間にも自分の仕事に取り入れられるヒントを脳が探してくれるからです。

私も、ボーッとテレビのバラエティ番組を見ている時でも、興味がある言葉や研修に使えそうな情報が入ってきて引出しを増やし続けることができています。

「土日は仕事のことを忘れてゆっくりしなさい」というアドバイスには、人間の脳に備わっている、外部環境から取り入れた情報を自分の人生に活かす能力を放棄しなさいという意味も含まれているということは知っておきましょう。

そのうえで、もしも部下の精神衛生上の心配から「オンとオフの切り替え」を願うのでしたら、実際には**「インとアウトを切り替える」**ことが有効です。

その基本思想は「思考は思考を使って変えることができる」というものです。私たちの脳は、不安や困難に出会うと、どうやってそこから脱出すればよいのかに集中するあまり、視野が狭まって他のことに注意が向かなくなります。それをズームインといいます。ただし、ズームインは集中を生みますから、ポジティブな出来事にズームインできれば作業を早めたり、感情を安定させたりといった良い面もあります。

しかし、ぶつかった困難にズームインを続け、それがいつまでも解消されないと「なんで自分がこんな目に遭うんだ」と他責的なマインドになっていきます。またストレス反応を起こし、否定的・批判的な言動が反すうされることで心が傷ついていきます。

したがって、**オンとオフを切り替える本当の目的は、ネガティブにズームインしてしまった心をズームアウト（思考のマイナス状態から距離を置く）させること**なのです。

ズームアウトは困難から逃げることではなく、心に余白をつくり、ぶつかっている困難に立ち向かう思考（メタ認知）に切り替える役割を果たします。

そのうえで必要なことは「**回避するのではなく関わる**」ことです。「土日は切り替えろよ」という指示は、上司の逃げでもあります。部下の仕事の調整やぶつかっている困難に向き合わずに、土日を使ってゆっくりさせるという部下任せの方法ではなく、部下の仕事や日常が生み出しているストレスに関わっていくのです。

具体的には、できれば毎日、難しければ金曜日の夕方にできる限り部下の「未完了」の案件に関わってから帰宅させることです。

人の脳は、完結していない案件があるとそれが片付くまでは、友達と遊んでいても、映画を見ていても買い物をしていても、よほど神経が図太い人でないかぎり、未完了の案件が頭から離れることはありません。たとえば、週明けに何かの締切りが待っているとすれば、当然そのことを考えながら土日を過ごすことになります。ですから、可能であれば締切りを週明けではなく週末に設定したり、それが難しければ、1週間の活動を振り返らせて、翌週の仕事の段取りや具体策を確認・指導して完了へ向けた支援をしましょう。

仕事のミスや不安材料にズームインして疲れた心は、人に話したり「この問題で最悪な結果は何だろうか?」「尊敬する○○さんなら何と答えるだろう?」「これは本当に一番心配しなければいけないことだろうか?」といった、視野を広げるための自問自答で整理がつけられます。そして、俯瞰することで獲得したメタ認知は、心に安定や余白を生み出してくれます。

自分の心と困難の間に距離を置く「ズームアウト」の習慣は、実際に目の前の問題が片付いていなかったとしても、物事に取り組む原動力が生まれる方法として実用的です。

第2章

期待の壁

──部下に期待する上司ほど不満が増える

Q uestion
質問10

反省させてもヘラヘラしている部下に腹が立つのですがどうしたらよいですか？

A nswer 結論

大切なのは落ち込ませることではなく行動が変わることです。

前職時代、私は上司に叱られた後、皆に心配させないために努めて明るくふるまい、トイレで一人になった時に落ち込むようにしていました。しかし、上司は私の明るい様子が気に入らないのか、再び呼び出されて「君はまったく反省していないな！」と怒鳴るのです。皆さんは、**反省させて落ち込ませれば部下の行動が変わるだろう**と信じていませんか？

そうした認知を持つ上司ほど、叱って反省させた部下が仲間と楽しくおしゃべりなどしていると、「あいつは反省をしていない（行動を変える気がない）のだ」と感じてしまいます。

部下が自分の良くなかった行いと向き合えたかどうかは、態度ではなく行動が変わることで判断できます。部下の行動が変わるには、自分の行動によって周囲に迷惑がかかったことについて自覚的に振り返ることが必要です。

人は、叱られて自尊心が傷ついているときに、新しい行動に移すことはできません。中には上司の追及から逃れるためのポーズで落ち込んでみせる部下もいます。本当にミスを防ぐ行動に変えたいなら、他人が強制的に落ち込ませることは得策ではありません。

次からミスを繰り返させないために「なんで？　ねえ、なんで失敗したの?」などと原因を追及しようと部下を責める上司は多いと思います。事務手続きなど、正解のある作業ならばミスの原因がわかれば再発防止に一定の効果があるでしょう。しかし、営業の成果が出なかった場合などは、原因はいろいろと考えられます。

お客様の都合もあれば他社との比較があったかもしれません。また、知人から良くない感想を聞いたのかもしれません。知らないうちに失礼を働いて嫌われたかもしれませんし、ご家族が契約に反対したかもしれません。単純な心変わりだったということもあるでしょう。しかし、何かことが起きると、そうした数々の可能性に目を向けずに「どうせサボっていたんだろう?!」と1つの理由を探し出そうと心の動きが働きます。それを**「単一原因の誤謬《ごびゅう》」**といいます。

人は、理解が追いつかない事態に遭遇すると理由を探し求め、自分が納得しそうなもっともらしい原因を1つ見つけて安心したい生き物です。

部下を反省させて落ち込ませてはいけない理由はもう1つあります。反省を強いると、行動が弱くなるからです。なぜなら、**反省とは、過去を叱責して後悔させることで良くな**

かった行動を〝弱化〟させる行為だからです。

犯罪者を刑務所に入れるのは、反省させて悪事の再発を防止するためです。しかし、悪事が止んでも、本人が社会に出てから人を助けたり、真面目に働こうと思ったりするのは、自発的に「内省」が起きた時です。

内省とは、「未来に向けた良い行動の修正強化」であり、対話によって「自分の行動が誰に迷惑をかけたのか？」「次はどんな行動を取ればより良い結果になるか？」「本当はどうすべきだったのか？」という修正行動を自ら見つけることです。

したがって、上司は、叱った後にヘラヘラしている部下に腹を立てるのではなく、良くなかった行動を伝えた後に「この後はどんな行動をする？」と聞いていき、本人の答えと、その行動がどんな結果につながったかまでを後日フォローしていくのが、上司の目的に叶うのだと思います。

部下を伸ばす効果的な叱り方については、質問42で解説します。

Question

質問 11

部下の前でイライラしてしまうのですが、よいコントロール方法はありませんか？

Answer 結論

イライラがつのった時にコントロールするのではなく、事前に予防しておくことが大事です。

部下の前でイライラする姿を見せて相手をコントロールしようとする上司は、正直というか、無防備というか……そもそも自分の感情の起伏で相手を動かすことは、最も原始的かつ簡単なやり方です。上司も怒った後はたいてい「しまった。またやってしまったなあ」と反省し、気まずい思いをします。リスクも大きいのでこうしたことは控えたいものですが、とはいえ上司も人間ですからイライラはしますよね。

自動車の運転中に危険な割り込みをされるとイラッとするように、**怒りとは「権利侵害思考」が働いたときに起きやすい**です。自分が気持ちよく走る〝権利〟を奪われたと感じるように、人は自分が思うように事が運ばないようなとき、犯人捜しをして「こいつのせいで自分の思うとおりにならない！」と、自分を守るための防衛機制が働きます。

職場では、部下は生存本能的に組織の支配権を握っている上司の感情に敏感になりますから、上司であるあなたがイライラすればするほど、部下の時間はあなたの顔色をうかがうために消費されます。そんなことに時間を費やす組織の生産性が高まるはずもなく、上司はさらにイライラをつのらせ「もっと危機感を持てよ！」と感情をぶつけ、部下はビクビクしながら仕事に集中できず、さらに組織の意欲と生産性が下がり……と悪循環に陥ります。

上司のイライラ感情を察知した部下は、短期的には行動をするかもしれませんが、あなたの姿が見えなくなった時にサボるようになります。

世の中にはアンガーマネジメントというスキルがあって、怒りを感じたら6秒数えてみるとか、怒りの度合いを点数化するといった対策もありますが、現実には怒りのボルテージが上がった時に、冷静になる方法を思い浮かべることはなかなか難しいものです。

しかし、よく考えると、私たちは取引先との会食でイライラした態度を取りませんし、お客様がどんなに理不尽なことを言ってきても、キレて暴言を吐いたりはしませんよね。なぜかというと、その行為がデメリットを生むことが明らかだからです。

それなのに、上司が部下の前でイライラを隠さないのは、部下が自分に反撃してくるはずはないと踏んでいるか、大ごとにはならないと楽観的な前提でいるからです。別の言い方をすれば、部下に甘えていると言ってよいかもしれません。決してお客様には見せないような態度を、部下になら許されると思い込んで見せてしまっている上司は非常に多いのです。あなたが怒りをあらわにしても、部下が大人で、会社に訴えたりしないからこそ、あなたは上司を続けることができているのかもしれません。

私も、すぐに感情を爆発させる上司に仕えたことがありましたが、その人は、お酒が入ってご機嫌なときは「君たちは俺のことをわかってくれているから」と言っていました。しかし、上司は自分が思うほど部下とは人間関係ができていないのかも、と疑ったほうがよいと思います。どんなに関係性ができ上がっていると思っていても、あなたが度を超えた暴言を吐いたり、理不尽なことをすれば、部下はあっという間に告発する側に回ります。寂しい話ですが、部下のポケットには簡単に録音・録画できる機械がいつでも入っているものと考えておきましょう。

感情をコントロールする有効な対策としては、**マイナス感情を表に出すことのデメリットや長期的に失うものをふだんから頭に思い浮かべてシミュレーションしておく**という方法があります。

たとえば、ドライブ中に渋滞にハマったときなど、一番甘えられる家族の前でイライラしてしまうことがあります。イライラしても渋滞はなくなりませんし、渋滞の予測が甘かったと理解していても、なかなか気持ちを切り替えることができません。渋滞を楽しんで音楽をかけたり、家族といろいろな話ができるチャンスでもあるのに、ふてくされた顔で押し黙ってしまいます。そういう時は、さらに機嫌が悪くなる前に次のようなシミュレーションをしましょう。

「もしこの先イライラして荒っぽい運転になったら、大切な家族を危険な目にあわせてしまう」「ここで車が割り込んできて、怒りにまかせて煽り運転をしてしまったら、ドライブレコーダーの映像がＴＶのニュースに流れて、身元を特定されるかも」「今の仕事を失うほどの怒りだろうか」「大切なのは家族と一緒に無事に目的地に着くことだ」といったことを〝機嫌が悪くなる前に〟思い浮かべながら運転するのです。たかが一時の渋滞で失うものの大きさや、失った先の未来に目を向けてみると、いざという時に突発的な感情を抑えることができます。

ふだんはおとなしいのに、部下が逆らわないのをよいことにカッとしてしまう上司は、最悪の状態をシミュレーションするという、心にワクチンを接種するつもりで免疫をつけておきましょうというのが私の答えです。

Question

質問12

一回の説明で覚えられない部下は能力が低いのだと考えますがどう思いますか？

Answer 結論

仕事を一回言われただけで覚えられる部下がいたら天才か仕事のレベルが低いかです。

「一回で覚えろ！」は、どの業界や職場でも一度は聞いたことがある言葉の代表のような文句だと思います。私はつねづね、この「一度しか言わないから……」という指示のしかたを不思議に感じていました。これはいったい何が目的なのでしょうか？　忙しいから聞きに来るなということでしょうか？　本当に部下が一回で覚えると信じているのでしょうか？

よほど簡単な作業ならともかく（そんな仕事の職場はいずれ不要になりますが）、人間の能力的に言えば一回聞いただけで仕事を覚えることは非常に難しい話です。

上司は、自分が過去に同じように言われて一回で覚えたと思い込んでいます。したがって、同じことを部下にも求めがちになるのですが、実際は自分も失敗しながら、何度も上司に聞き直して叱られながら、いろいろ教えてもらいながら成長してきたはずです。その辺りの**不都合な記憶を都合よく忘れてしまうのが、「バラ色の回顧」と呼ばれる上司の認知バ**

イアスです。

もし、相手に本当に覚えてほしいことなら遠回りに見えるかもしれませんが「一回では難しいけど、ちゃんとメモをとって、どこに何があるかも書いておいて」「忘れたら聞いてもいいけど、まずはいったん自分で思い出してみてね」「ここにも貼っておくよ」「大事なことなので何回でも言うから」などと指導したほうが機能的です。

しかし、そうはいっても、

「いやいや、そんなことはとっくにやっていますよ！」

「一回で覚えさせるための手段はないんですか？」

とおっしゃる方もいると思います。

私も新人時代、上司から、

「いいか、○○部の△△さんから書類をもらったら、その書類をうちの部の□□さんに提出して。それから午後イチの打合せ資料を印刷してホチキス止めして配っておいて」

「は、はい！」

「ああ、それから……」

と、その後もいろいろと指示が続き、私の頭の中は、ミスをしてはいけない緊張感も手伝って言われたことを繰り返しつぶやく、「はじめてのお使い」状態でした。もう少し簡潔に指

示してほしいなあと思いながら、メモを片手に動き回るのですが、
「あれ、ホチキスって左上1か所でいいのかな。あ、印刷部数を聞いてなかった！」
と、後から確認すべきことが次々に出てきて、恐る恐る上司に尋ねると、
「忙しいんだから、先に聞けよ！　部数は8部って言っただろ？　一回で覚えとけ！」
いや、部数は絶対言ってなかったはず……と思っても、逆らえるはずもなく「……すみません」と頭を下げるばかりでした。

その後もこの上司の怒りを恐れる私は、聞き返すこともできず言われたことをただこなすだけになっていきました。

恐怖を感じている時は逃走に脳のリソースが割かれるため記憶力が低下しますから、忘れても聞き返すことができる安心感を持って仕事をさせたほうが目的に適います。

物事が覚えられない人は、暗記力ではなく、コミュニケーション力に問題がある場合が多いのです。自分が理解できない話に「すみません。もう一度お願いします」「確認ですが、○○でよろしいでしょうか？」と言うべきことが言えず、対話抜きで行動にかかってしまいがちです。

どうしても理解が悪い部下には、

・指示の数を減らす

・指示したことを復唱させ、どこが曖昧なのかを言語化させる

これらを基本として、さらに不明点はいつでも確認するように伝えて安心感を持たせることが有効です。

一番の記憶方法は、暗記するよりも「理解する」ことなのです。

「忙しいんだから、一回で覚えろ」という言葉が飛び交う職場は、「成長」という本来なら長期的に取り組まないと達成できないことに対しても、短期的な結果を求めてしまいがちです。種を蒔いて水をたくさん掛けてもすぐに芽は出ないように、部下の能力の低さを嘆いても成長はしません。

上司が部下への関与を長期的に変え、上司自身が対応の引出しを増やしていくしかないのだと思います。

Column
コラム1

記憶力を高める「精緻化リハーサル」4つのポイント

記憶についての話が出ましたので、認知科学的に記憶の強化に有効な「精緻化リハーサル」について解説します。ポイントは4つで、この4つに共通しているのが「体験」です。**人は体験を通して記憶することが一番記憶に残りやすい**のです。

1つ目は、**「自己関連付け効果」**といって、新しい情報を自分の記憶の中にある知識や体験とつなげる方法です。

たとえば相続の知識なら、自分の家族構成に当てはめてみるとか、サザエさん一家を例にして「波平さんの遺産は誰にいくか」などを考えてもらうと、テーマとすでに自分が知っている事柄との関連性が上がり、記憶しやすくなります。

2つ目は**「自己選択効果」**です。他人から教わるよりも、自発的に体験に飛び込んで試行錯誤して答えにたどりつくと、忘れにくくなる効果があります。

3つ目は**「イメージ化」**です。人は取り入れた情報について、視覚的なイメージが湧くと忘れにくくなります。スポーツ選手がよくやる「イメージトレーニング」は、緻密に行うことで実際に体験したのと同じくらいの効果があると言われています。

たとえば部下に「今指示した内容の作業手順をイメージできる?」と聞いてみて、部下に自分の作業する姿を思い浮かべてもらい、それを説明させたときに曖昧な点があるならば、ミスにつながるポイントがわかります。

４つ目は**「物語化」**です。これはエピソードやストーリーを使う方法です。私は大河ドラマが好きなのですが、登場人物や事件を物語を通して見ることで興味と理解が深まって忘れにくくなります。

たとえば会社の沿革を年表のように記憶させるよりも、どんな事件があったかや、創業者の苦労エピソード、苦難から再生までの道のりといった〝物語〟に変換して伝えると、イメージ化にも自己関連付け効果にもなります。「あ、この話は過去に経験したアレと似ているな」「同じ構造だな」と理解しやすくなり、記憶の手助けになります。

いずれの方法にしても、上司だけが取り組めばすぐに効果が出るというものではありません。本人がどう受け止めて、自ら改善する意欲があるかないかがカギとなります。

Question
質問13

「報告は結論から」と何回言ってもできない部下への指導方法とは？

Answer 結論

あなた自身の「聞く力」を高めることです。

現場は本当に毎日忙しいですから、報告や連絡を結論から話してもらうことが大事という点には賛成です。とはいえ、経験が浅い若手に「言っていることがわからないから結論から話して！」と叱ってみても無理な話です。

私たちは、学校でも家庭でも「結論から話すように」とは教育されてこなかったにもかかわらず、会社に入ると急に結論から話す能力を求められます。

私も自身のＹｏｕＴｕｂｅ撮影で実感しているのですが、「結論から話す」「一言で言う」ことは簡単ではありません。しかし、練習を重ねれば結論から話したり要約する力を伸ばすことは可能です。

そこで、**部下の結論から話す力を養うためには、まず上司が「聞く力」を身につけましょう**という提案です。たとえ部下の話がまとまっていなくても、最後まで聴き切ることで次の3つのメリットが生まれます。

1つ目は、部下の話をよく聞く上司の下には、しっかりと報告をする部下が増えます。

2つ目は、部下が勝手に頭の中でまとめた結論では手に入らなかった情報が見つかる可能性があります。

3つ目は、あなた自身の聞く力と結論を話す力がさらに高まります。

特に2つ目は重要で、集めた情報のうち上司に何を報告すべきか、という判断力が部下に育っていなければ、上司が欲しい情報と乖離が生じてしまいます。部下が「……というわけで今回の契約はダメでした」と報告してきても、よくよく話を聞いてみると「いやいや、その話はダメじゃないだろ？　どうしてダメという話になるの？　まだいけると思うよ」と言いたくなった経験はないでしょうか。

まだ情報選別能力が育っていない若手には、できるだけ多くの情報を話させます。そのうえで「あなたの出した結論は？」と尋ねて、上司であるあなたの結論と違うようなら、理由を聞き、意見を戦わせるのも育成に必要なプロセスだと思うのです。私も厳しい上司にこれをよくやられていましたが、私と上司の結論が異なる時は、ほぼ100％の確率で自分が間違っていたものです。このやりとりを繰り返してもらったおかげで、**情報選別能力と結論報告能力、論理的な思考力**などが磨かれました。今思えば、とてもよいトレーニングをしてもらったと感謝しています。

たとえ、部下が結論から話せなくても、報告の途中で言い淀んでも、同じことを繰り返しても、時系列が飛んでも、最後まで聴き切った後に「なるほど、要するにお客様の息子さんが介入してきて、返事を先延ばしにされたんだね？　でもお客様はまだ迷ってる様子だから私に後押ししてほしいと。そういうこと？」と上司がまとめてあげると、部下は「あ！　そうです!!　それを言いたかったんです！」と話がまとまる経験をします。そこで上司は「OK。じゃあ、次から今みたいに結論をまとめて報告してくれると助かるよ」と言ってあげると、部下は次から少し結論っぽいことを話し始める可能性が高くなります。

すぐにうまくいかなくても、「聞いて→まとめてあげる」を繰り返していくうちに、きちんと結論から話せるようになっていくと思います。

部下のアウトプット能力を向上させる方法としては、まずはこの方法がお薦めですが、もう1つ、部下に「二択」で聞く方法も効果的です。

「おかえり。お客様の反応は良かった？　悪かった？　どっち？」「資料は締切りまでにできそう？　難しそう？　どっち？」と、自分が求める結論部分を初めから提示します。部下が答えたら「そうか。それはどこでそう判断できたの？」「お客様とどんな話になったの？」「間に合わせるとしたらどうすればいいと思う？」と、さらに質問で深掘りしていくことで、部下は上司が求める結論と経緯を意識することになり、端的に話せるようになっていきます。

Question
質問14

営業でねばりが足りず、すぐにあきらめてしまう部下への指導方法とは？

Answer
結論

営業での「ねばり」とは、情報を収集する力と次回のアポイントをとる力のことです。

部下が営業先から帰ってきた時の、

「どうだった？」

「ダメでした」

「もっとねばってこいよー。しょうがねえなあ」

といった会話は全国で毎日のように交わされているでしょう。私も昔、部下を送り出す時、「わかっていると思うけど、今日は締切りだからね。もらえるまで帰って来るんじゃないよ」と、今なら100％ハラスメント認定される声かけをしていました。そして、あっさり諦めて帰ってきた部下と、冒頭のようなやり取りになってしまった覚えがあります。その会話は、涙を浮かべた部下から「あれ以上ねばったら、苦情になります！」という一言で終わりました。

私たち昭和の人間は経験上、忘れられないのかもしれないですね。お客様に「そこをなんとか」「実は今日が締切りで……」とねばることで、最後の最後に戦況がひっくり返った記憶を。そして同時に、今の時代は、お客様宅に自分の都合で居座るとリスクのほうが遥かに大きくなることも知らなければいけません。

それでも、部下には営業活動で達成感を味わって少しでも成長してもらいたいですし、ねばれるように育てたいものですよね。

私は営業研修で「**『ねばる』とは、自分の都合で居座ることではなく、お客様が断る背景にある真の理由などの必要情報をもらってくること、そして次にお会いするアポイントメントを取ってくること**」とお伝えしています。

たとえば、「今日は決められないなあ。奥さんと相談しないと」と断られたときに従来どおりの〝ねばり〟を発揮する人は「そうですか……奥様は何時頃に帰ってこられますか？」とか「奥様とご相談される時に私も同席してご説明させてもらえませんか？」といった会話をしがちです。しかしこうした断り文句の大半は、営業担当者を早く帰すための嘘が混じるものですから結局、「いや、こちらから連絡しますので……」とお断りされることが多くなります。そうなると、これ以上ねばるとお客様とのご縁が切れるおそれも出てきて、引き下がらざるを得ません。

私の推奨する、ねばるための情報収集方法は「ぜひ奥様とご相談ください！ ちなみにですが……ご主人としては今回のお話はいかが思われましたか？」と目の前のお客様の意思を確認することです。「**ねばり」で大切なのは、こちらの想いを伝えることではなく、お客様の想いを発掘していくことです。**営業担当者が延々と話を続けることはねばりではなく、しつこさです。しかしお客様が自分の話をしている間は、「しつこい」と思われるリスクは減ります。

「まあ、私はいいかなと思いますけどね。妻が何と言うかな……」などとご主人の意思が前向きであることが確認できれば、「奥様は何と言いそうですかね？」とか「もし奥様がＯＫでしたらお話を進めさせてもらってもよろしいでしょうか？」などと確認します。もしくは、「ぜひ奥様とご相談ください。ちなみに、ご主人としては具体的にどの部分をご相談されるおつもりでしょうか？」と相談の内容を聞くのもよいと思います。そのうえで断られたのであれば、それまでの感謝とお礼をお伝えしたうえで、「今後も情報提供などはさせていただきたいのですが、お許しいただけませんか？」と次の約束に話の流れを移していけば、「ねばり＝継続訪問」の活動がスムーズになります。

お断りやお叱りを恐れてあっさり引き下がるよりも、お客様のお断りの背景を会話の中でしっかり聞き取って再訪問につなげていく、という方向で指導するのが一番ねばれる担当者を育てられると思います。

Question
質問15

会議でまったく意見を出さない若手への指導方法とは？

Answer
結論

「黄金の沈黙」という方法があります。

「会議で若手が意見を言わない」

というお悩みはよく聞きますが、そもそも、「会議＝意見交換」という認識を持っている上司の皆さんは少ないのではないでしょうか。

日本企業では「会議」というと、業績の見通しや数字の管理、部下の活動を詰めて反省させる場として使われることが多いです。そして、部下に対して数字を詰めて意見を求めたとしても、部下も萎縮しているかムカついているかで、意見が出てくることはほとんどないですし、意見を言おうものなら「言い訳するな！」と叱られることがわかっているので皆、黙ることを選択します。

前職時代、私も数字が悪い月の業績会議に出席するのが憂鬱でした。重苦しい沈黙とため息が立ち込めた部屋で、腕を組んで厳しい視線の上司が発する「白戸、立て！　どうするんだよ。この数字で今月終わるつもりか？」という叱責は、今思い出しても口の中が苦くなります。あの会議という名前の公開処刑文化はいいかげん手放したほうがよいと思います。

巨大企業Ａｍａｚｏｎの創設者ジェフ・ベゾスは、社内の会議で意見が出ないことに頭を悩ませていました。そこで、会議の効率化・活性化のために、**会議の冒頭30分で、Ａ４用紙6枚にまとめた議題を参加者に黙読させてから意見を発表させる「黄金の沈黙」という仕組み**を取り入れました。

通常、会議での沈黙が流れる時間は、その時初めて聞いた情報に対してどんな意見を言えばいいのか、他の参加者はどんな意見なのか、上司はどんな結論を持っているかなどを参加者が探っている時間でもあります。

したがって、会議の内容やどんな意見を出してもらいたいのかを事前にアナウンスしたり、会議の冒頭で黄金の沈黙を使ったり、参加者を2人組にして意見交換をさせたうえで、どちらか代表で意見を述べさせる、などの工夫が有効です。

会議で意見を出してもらうためのコツは次の2点です。

①意見を言わせる前に頭の整理をする時間を取る

②人の意見に対して批判や否定をしないというルールを徹底する

上司は、意見交換を促進する司会進行役に徹します。それでも意見が出にくいときは、匿名にすると意見が出やすくなります。たとえば名刺大のカードに匿名で意見を書かせて集めるなどが効果的です。

私はこの方法で1年間に5000個の質問を集めていますが、匿名性を担保すると、かなり本音に近い意見や質問、要望などが出てきます。どの意見にも「これ、よく書いていただきました。ありがとう」「この質問は面白い質問ですね」と承認し、一つひとつにきちんと回答していくと、参加者は次もまた質問を書いてみようという気持ちになってくれるようです。

会議とは、上司が気づいていなかった他者の視点や組織の財産となる疑問や悩みが手に入る、創造的かつ対等な意見交換の場です。そのことを若手だけでなくメンバー全員が理解すれば、徐々に会議の楽しさや意見交換の面白さに気づき、議論が活発になっていきます。

参加者の意識を旧態依然の会議から脱却させるためには、まず、上司自身の会議に対する認知を修正することから始めましょう。

Question

質問 16

仕事中、頻繁にボーッとしている部下を集中させるにはどうしたらよいですか？

Answer 結論

ボーッとすることは意識的に止められませんが、メリットもあります。

忙しいときに、職場でボーっとしている部下を見ると「こいつ、お気楽で良いなあ……」と腹が立つお気持ちはよくわかります。

人がボーッとする状態になることを「**マインドワンダリング**」といいます。読書中、いつのまにか同じ文章を繰り返し読んでいるとか、帰り道に「今日は嫌なことがあったな」と頭の中で反芻しているうちに足下の段差につまずいたりとか、人が話している時に「ねえ、聞いてる？」と言われてハッとするような、注意が逸れて心ここにあらず状態になることです。

私も営業職時代、デスクワークのときはしょっちゅうボーッとしていました。すると背後に上司がやってきて「白戸君、何やってるんだ？」と尋ねてきます。「考えごとです」と返事をしますと、案の定、顔を引きつらせた上司に、

「そうか……。で、いつ仕事をするんだね？」と問い詰められるのです。

この上司にとっては手を動かすのが仕事であって、思考することは仕事ではなかったようです。私は、さまざまに考えを巡らせる時間が好きでしたが、傍からは仕事をしているようには映っていなかったのでしょう。そんな中、ひとたび営業や資料作りのアイデアが浮かぶと、一刻も早くそれを形にしようと時間を忘れてパソコンに向かったものです。会社を辞めた今でも、私のクセは変わらず、作業に入る直前までボーッとしています。

当然ですが、会議や作業など他の人との協業中にボーッとするのは、マナーの点でもよくありません。しかし、ボーッとするのはマイナスばかりではなく、実は人の思考やひらめきによい効果をもたらす側面もあるのです。

私たちは、創造的なひらめきがふとしたタイミングで突然に訪れることを知っています。散歩の途中や、お風呂に浸かっている時に、ハッとひらめくことはありませんか？　人は、問題に向かって集中している時には生まれなかったアイデアが、その場から離れたり、身体を動かしたりすることでひらめくことがあるのです。

考え始めてからひらめくまでの期間を「あたため期」と呼びます。あたため期を経ることで、問題解決の思考が脳内で促進される効果を「孵化《ふか》効果」と呼びます。つまり、ボーッとしている時間を、「あたため期」として捉えると、その時間は有用性が高いものとして考えることができます。集中を離れ、マインドワンダリング状態を作り出すために、オフィスにビリヤードやバランスボールなどが置かれたオフィスをテレビなどでご覧になったことがあるかと思います。

ただし、「否定的なマインドワンダリング」状態も存在します。あまりにヒマすぎたり、やりたくない仕事のときに陥る、精神が同じ所をグルグルと迷走している状態は、創造性に結びつきません。この時の意識に統合性はなく、思考がとりとめなくさまよっている状態ですから、これは何とかしなければいけません。

皆さんもご経験があると思いますが、責任重大な仕事や締切りが近い仕事を抱えているときは、家でノンビリしていても、仕事のことが自然に頭に浮かんでくるものです。

刑事ドラマで、休日にも家で事件の真相に考えを巡らせる主人公が、子どもがクレヨンで描いた絵がふと目に入って「そうか……俺はトンデモナイ勘違いをしていたかもしれない！」とひらめく、みたいな場面がありますが、まさにあれが「あたため期」から「孵化効果」に移行した瞬間です。

マインドワンダリングは脳の働きですので、意識的にコントロールするのは困難です。上司がボーッとしている部下を叱ってもまた元に戻ってしまいますので、前向きで建設的なマインドワンダリング状態に持って行くことが重要です。

そのためには、

①日頃から「考えてほしい課題」をテーマに対話を行う

②本人の自発性が高まる興味ある仕事や責任が生じる仕事を割り振る

③意見交換や議論に参加させて、マインドワンダリングから外に出す

この3つが必要です。

人は機械ではありませんので、頭を整理したり、行動を振り返ったり、ボーッととりとめなく計画する時間が必要です。建設的なマインドワンダリングが習慣になれば、自然と課題解決に向けた思考状態と行動を創り出すことができるようになります。

Question

質問17

何回言っても動かない部下への指導方法とは？

Answer 結論

指示とアドバイスを分けて考えることです。

一回言って覚えない部下へのお悩みがあるかと思えば、今度は何回言っても動かない部下へのお悩みです。本当に部下育成は思うようにいかないものですね。

何の本でしたか、**日本の上司は、「指示」と「アドバイス」の区別がついていない**という話を読んだことがあります。まずは、指示とアドバイスに対するあなた自身のマインドを直していくとよいと思います。

指示とは、業務上の仕事の割り振りや、やるべき業務の伝達のことをいいます。組織に所属して給与をもらう立場であれば、上司の指示には（よほどの無茶振りやコンプライアンス違反の指示でないかぎり）従うべきです。もし労働者が分量的、能力的に可能な業務の指示に理由なく従わない場合、厳密には、民法第４１５条の契約上の債務不履行責任を問われることになります。

それでもなお指示に従わないのでしたら、最終的に組織から離れてもらうか、異動させて他の上司の下で組織の役に立たせるなどの処置が必要です。とはいえ、そこまで冷徹な答えは求められていないと思いますので、今回の質問に対しては「**あなたは（従うべき）指示の中に、（従わなくてもよい）アドバイスを含めていませんか？**」ということを考えていただくところから始めたいと思います。

アドバイスは本来、その内容に従うかどうかはされた側が自由に決められるものです。しかし多くの上司（や親）は、人生経験が豊かですので「これをやったらいいよ」「こうすればもっとやりやすいよ」など、「親切心からの助言」をしたがるものです。また、立場が上である人ほど、部下が動かないと「（上司である私がよかれと思ってしてあげた助言なのに）何でやらないの？」という不満や怒りを抱く傾向があります。

私は、相手が求めていない、あるいは役に立たないのに「これは良いアドバイスだっ」と**本人の自負と思い込みに満ちた助言を「アドバイアス」（余計なお世話）**と呼んでいます。このアドバイアスに当てはまる条件は３つあります。

①相手が求めていない時にアドバイスをしてしまう

②相手が自分のアドバイスに従わないと怒ってしまう

③相手が自分のアドバイスの内容を初めて聞くものだと錯覚してしまう

③で言うと、私もSNSで、たとえば「頭が痛い」と書いただけで「○○という鎮痛剤がいいですよ！」などと、「知ってるつーの！」と言いたくなるレベルのアドバイアスをしてくる人がいて驚きます。人というのは、自分のアドバイス内容を相手が一度も検討したことがない前提で助言をするようです。

上司からのアドバイスも、部下が一度すでに自分でたどり着いた答えだったり、周囲から聞いたことのある話だったりするのですが、本人だけが、相手にとって新鮮な意見を言ってやったと勘違いしている場合が少なくないのです。

私も、ゴルフのコースやテニスコートで突然「君のスイングはねー」などと誰も聞いていないのにアドバイスを始める人を見たら、「ああ、この人は〝アドバイアス〟をフルに発揮している人だなあ」と反面教師にしています。

しかし、「ねえ、なんで俺が言ったことやらないの？」といった言葉が頻繁に出てくる職場では、だいたいがこの〝アドバイアス〟に対して、部下たちは「そんなのわかってるよ」「もう何回も聞いてるよ」「それは試したけど役に立たなかったんだよ」「あんたに言われたくないよ」等々と、心で答えて動かず、上司もそれに気づかないという認識のズレが生じている可能性が高いです。

部下への「指示」と「アドバイス」の違い、あらためて意識をしてみましょう。

Question

質問18

義務を果たさず権利ばかり主張する部下への指導方法とは？

Answer 結論

権利の主張は止めてはいけませんし、本当に義務を果たさない部下ならば退職案件です。

「義務を果たす前に権利ばかり主張するな！」とは、現場でよく聞かれる言葉です。私も上司に意見すると決まって言われた言葉でした。

まず、この言葉を言ったところで部下は自発的に動きませんし、言えば言うほど上司側のリスクが高まります。

日本の企業のほとんどは給与を先払いしています。

まだ戦力になっていない新人に4月の給与を払ってくれますし、6月にはボーナスを払ってくれる企業も多いです。つまり、企業においては「権利の先払い」が通例なのです。

会社員の権利としては、

①労働に対する対価を請求する権利

②不当・違反な命令をされた時に拒否ができる権利

③職場環境を改善するよう求めることができる権利

などが認められています。大きな権利としては、憲法第28条で決められている労働三権（「団結権」「団体交渉権」「団体行動権」）があります。

つまり、企業に勤めているからといって、すべて上司の言うとおりに働かなければいけないわけではありません。自身が納得できない指示や業務に関しては真摯に話し合いを求めてよいのです。

では、会社員が果たすべき「義務」とは何でしょうか。それは、

①就業規則を守る
②職務には誠実に取り組む

の2つです。副業禁止の企業で副業をしてはいけませんし、守秘義務が求められる情報は公表してはいけません。勤務時間や服装規程、休暇や勤務態度についても、規則や社会通念上守らなければいけないことに従うのが「義務」です。

少し前のネットニュースに、入社後すぐに産休に入った新入社員の話が載っていました。入社してすぐに産休に入るという行為に対してコメント欄では賛否が分かれました。

外野やこの方の上司のお気持ちはともかく、当の企業は産休を認めていましたし、今の日本の労働環境で労働者の権利を優先せずに「産休に入るのはちゃんと働いてからだ！」とい

う主張は社会的に受け入れられないと思います。入社前にわからなかったのか？　というご意見もあるかもしれませんが、令和の時代、本人の申告がないのに妊娠の有無を聞くことはモラル的にもアウトです。

人を採用するということは、入社の後で「もしかしたら働かない（働けない）かもしれない人も現れる」リスクを内包した行為です。したがって組織は、規模に応じて常に一定数の働かない人を残りの働く人でカバーすることが生じ得るという構造上のリスクを抱えていることは理解しなければいけません。

皆さんも、もし病気や身内の介護などで働けなくなったときは、仮に義務を果たしていなくても権利を行使して休んでよいのです。

働かない人を許容しろというのではありません。どの組織にも働かない中高年は一定数いるのに、その人たちは何も言われず、経験不足で要領が悪いとかミスがあるといった理由で若手だけが義務の履行を強要されるのであれば、若手が離れる一因につながっているのかもしれませんという話です。

もちろん、企業への貢献がないのに自分の報酬やメリットだけ、権利ばかりを主張する若手を見て「いつまで学生気分でいるんだ……」とうんざりすることもよくわかりますが、その若手も、成長とともに組織や後輩、お客様や社会に貢献できることが増えていきます。

人の成長には時間がかかります。そのために上司は働く環境としての権利を確保したうえで、「仕事は義務が先だ！」と言う前に、部下のほうから「こんなに居心地の良い職場には長くいたい。この権利を手放したくないからそのためには働こう！」と思わせる職場づくりを行うことが先なのかなと思います。

Question

質問19

飲み会に来たがらない部下への指導方法とは？

Answer
結論

飲み会に来たがらないのではなく、上司と一緒にいたくないのです。

会社の飲み会は、歓送迎会などの定例行事を除けば基本的には行きたい人だけが行けばよいイベントです。部下には、上司と飲みに行く自由もあれば断る自由もあるとはいえ、上司としては寂しいですよね。

私はお酒を飲まないのですが、職場の仲間とはよく飲みの場に行きました。時には酒乱の上司に絡まれたり、飲まない自分にも皆と同じ割り勘を要求する上司がいたり、延々と説教をされたり、なぜいつも上司の隣にはお酌要員の女性を配置しなければいけないのか……など組織の奇妙な文化・習慣に疑問を感じながら、ではありましたが。

反面、飲み会に出ることで先輩と仲良くなったり、酒席のマナーを学んだり、雑談から新しい情報を仕入れたり、上司の覚えがめでたくなったりなどのメリットもありました。それ以外にも、職場で仲間外れになりたくないとか、自分がいない所でどんな話がされているのか、などの不安も払拭できましたので、飲み会自体はそれほど嫌いではありませんでした。

しかしながら、働き方改革やコロナ禍の影響で飲み会の習慣が失われつつある中、スマートホンから流れてくる情報が大量にあふれる現代では、飲み会に割く時間の優先順位が下がっていることは否定できません。

今の若手の意見を聞くと、**飲み会自体が否定されているというより、上司であるあなたとの時間にコスパやタイパ（タイムパフォーマンス）の悪さを感じているため、敬遠されている**のだと感じます。

「コスパ」や「タイパ」という言葉の響きには、上司世代からは違和感もありますが、上司が若手とのコミュニケーション不足を補うためだけの理由で飲み会によって部下の時間を奪うことはもう止めたほうがいいかもしれません。

飲み会をしたい上司は、当然ながらお酒が好きです。ゴルフに誘ってくる上司はゴルフが好きな人です。自分が好きなことをダシにして気乗りしない部下を誘うという方法は果たして効果的なのでしょうか。お酒もゴルフも嫌いな上司であっても、それ以外の方法で若手とのコミュニケーションの時間を作ろうとする人はたくさんいますから、飲み会でなくても接点を持つことはできるのです。

そう考えると、部下が飲み会に参加しないことを問題視するのではなく、上司の皆さんが、部下に好かれるか、時間を割いても来たくなる付加価値の高い時間を提供できればいいわけです。

付加価値とはたとえば、

・上司と話をすると頭と心が整理される
・抱えている問題が解決する
・毎回ものすごい学びが得られる

ということです。皆さんは、あなたと過ごす時間が、早く帰ってオンラインゲームや動画を観ることより優先されるものだと自信を持って言えるでしょうか。

「今日は税理士の先生も誘っているので税務の無料相談をしてもらえます！」とか「○○支店のエース、△△君が参加するので営業の秘訣を聞いてみたら？」など、ゲストを呼んでざっくばらんな会にするのもアリです。

どうしても飲み会文化を守りたいという方は、部下に断られ続けたとしても毎回誘ってください。上司は、部下に何度か断られると「つきあいが悪い」と誘わなくなり、距離をおきがちです。しかし、若手が誘いを断っても、いっさいネガティブな態度や評価をしないと決めてください。「タイミングが合えば来るだろう」くらいでよいのです。

「別にそこまでして部下に飲み会に来てほしいわけじゃない！」とおっしゃるのでしたら、

日中にもっとコミュニケーションの時間を増やしたり、業務の合間に休憩を兼ねたお茶会の時間などを設ける企業も増えてきましたから、そんな実験をしてみるのもよいかもしれません。

大切なのは部下育成のためのコミュニケーション時間を確保することです。飲み会である必要はありません。

Question
質問20

素直でない部下を素直にさせる方法とは？

Answer
結論

あなたは素直さよりも従順さを求めているのではないですか？

素直とは、「性格や態度がひねくれておらず、まっすぐなこと」を指し、素直の反対を「意固地」や「頑固」といいます。

「素直」に似た言葉で「従順」という言葉がありますが、従順とは、周囲から言われたことを自分の頭で考えることなく、何でも鵜呑みにする、言わば盲従を指す言葉です。

「部下には従順さを求める！」と堂々と主張する上司は少ないでしょうが、実は**素直なことよりも従順であってほしいというのが本音**ではありませんか？

もしあなたが部下に何らかの行動を指示したときに、「それは効果ないですよ」「無駄だと思います」「その場合○○な可能性もありますがどうしますか？」などと反論されたと考えてみてください。頭の中に「まずはやってみろよ！」と言う言葉が浮かぶようでしたら、あなたは従順さを求めています。

むしろ、自分の意見にこだわっている、つまり素直でないのは上司のほうです。私は、上司にストレートに反論をぶつけられる部下は素直だと思うのです。

上司にまっすぐな意見をぶつけてくる部下であれば、きっと自分の意見を持っているのだと仮定して「どうしてそう思うの？」と聞いてみてください。

「いやいや、彼らは何にも考えてませんよ。単にやりたくなくてわがままを言っているだけです」と言う方も中にはいらっしゃると思います。しかし、もしかしたら初めての行動に際してやり方がわからず戸惑っている、もしくは失敗を怖がっている、という可能性はないでしょうか。

「いや、本人の意見など関係ない、言われたことをやってくれ」という話でしたら、やはりそれは素直さではなく、従順さを求めていることになります。

素直な人は、率直な疑問をぶつけますし、自分が納得すれば自発的に動きます。そして、何より自分が間違えたときに、プライドが邪魔をして意見に固執することがありません。

上司から見て部下が素直に見えない理由はもう1つあります。それは上司の指示を信頼していない場合です。ふだんの人間関係や、本人の納得感の少ない指導をしている上司に「ここが悪いから直しなさい」と指導されても、「あんたに言われたくねえよ」とか「それはもうやり方が古いし効果がないのに」と反発が湧き起こりがちです。

私も、部下との関係性が悪くなって業績が落ち込んだときは、みんなに頭を下げて知恵を出してもらいました。人は自分が出したアイデアが採用されれば動いてくれるものです。それでもし結果が出なかったとしてもまたみんなでアイデアを出して修正しようとします。

ふだんは「自分で考えて動け！」と言いながら、部下が自分で考えて上司の指示とは違うことをしたとたんに「素直に言うことを聞け！」と叱るのは矛盾というものです。

部下には従順という意味の素直さを求めるのではなく、**「この人の言うことは信じられるから素直に聞こう」「この人には意見をぶつけても受け止めてもらえる」と思ってもらえる関係性**を築き、お互いに間違いを「素直に」修正する習慣を創ることが、最終的に自主性の高い部下を育てることになるはずです。

第3章

支配欲の壁

——権力を使わずに部下を動かす工夫と対話

Question

質問21

部下のモチベーションを上げたいです。なぜ人のモチベーションは上下するのでしょうか？

Answer 結論

人間の脳が生存に必要な状況について優先順位をつけているからです。

部下のモチベーションを上げるためにはどうすればよいか、というお悩みは私が受ける年間5000個以上の質問の中でもトップクラスで多い質問の一つです。

モチベーションは、「意欲」や「やる気」という意味で使われます。辞書には「自ら進んで何かをやろうとする気持ち」とあります。

上司の皆さんは、会社から給与をもらっていながら指示に従わなかったり、主体的・意欲的に働こうとしない部下にいらだちを感じることと思います。

モチベーションとどう向き合っていくかに関しては、このあと2回に分けて詳しく解説していきますが、まずは「**私たちのやる気は常に一定ではない**」ということと「なぜ人のやる気は上下するのか？」というところから知っていただきたいと思います。

十数万年前、私たちの祖先は、安定して食べ物が手に入らない環境下を「今日を生き残る」

という唯一にして最大のモチベーションに支えられ、仲間と連携して何㎞も獲物を追いかけるような日々を何世代にもわたって過ごしていました。

一方で、明日の生活がどうなるかわからない環境では、「不安」という感情も手に入れることになります。人は不安になるからこそ、危険に対処するための知恵や備えを生み、生き残ることができました。脳研究者によれば、私たちの脳は、この過酷な生活だった時代からあまり進化していないということです。

したがって、現代を生きる私たちも、目の前に食べ物があれば、脳は、「明日も食べ物が手に入るとは限らないな」と考え、最優先でカロリーを摂取する行動をとります(ダイエットに失敗する主な理由はこれです)。

先祖が過ごした時代、「やる気がない」ということはイコール死を意味していましたから、私たちの脳や身体はとにかく「生き残る」ことにモチベーションを発揮するように進化しました。

私たちが食事をしたり、恋をしたり、仕事をしたり、社会に溶け込んだり、ルールを守ったり、他人とコミュニケーションを交わしたりする行動の目的は、最終的にすべて自分が生き残るためということになります。

現代に話を戻して、企業が人材を採用したり上司が部下を育てることも、生き残るための必要な行動ですから、若いうちは自分のことにしか関心がなかった人も、一定の経験や年齢を重ねると本能的に次世代の育成に関心を持つようになります。

モチベーションには「やる気」の他にも意味があります。それは**「動機付け」**や**「原動力」**という意味です。人の動機は、お金や健康、恋愛など自己の生存に関係することにひも付いていますから、これらの要素に対しては、他人から言われずとも興味をもって自発的に手に入れようと行動します。**モチベーションとは自分で自分を引っぱり上げる力**を言うのです。

そこで一つ疑問が生じます。私たちの脳が生き残るために進化したのなら、なぜ、生きるために必要な仕事に対してはモチベーションを維持できないのでしょうか。

実は、仕事に対してモチベーションが低いと言われる社員でも、最低限のやる気は維持できています。どんな不良社員であっても、朝はスーツに着替え定刻に出勤するでしょうし、言われたことは質やスピードはともかく、とりあえず取り組むことでしょう。上司から見てやる気に欠ける社員でも、1ミリも働かず、組織のルールを乱し、他人と敵対するなど、生き残る確率を下げる行動をするような人は、ほとんどいないと思います。

私たちは生きるために行動してきた代償として「休む」「怠ける」という性質も手に入れてしまいました。人の脳は、生存に必要なこと以外にエネルギーを費やすと、有事の際にガス欠になってしまいますので、常に余力を残そうとするのです。つまり脳の構造的に（モチベーションは有限であるため）、常時やる気スイッチを入れっぱなしにはできないということです。仕事より楽しいことがあれば脳はそちらを優先しますし、人間関係が悪い職場にいると有事だと判断して離脱に向かいます。上司に叱られるなど嫌なことがあれば、脳は危険を察知して危険が去るまでエネルギーを温存しようとして他人と距離を取ったり塞ぎ込むことを選択するのです。

では逆に、自分の居場所があり、良好な関係の仲間がいて、毎月固定給が手に入るという安心が約束されているなら、脳は仕事を頑張ろうとしてくれるか……、というと、むしろフル活動をしなくても生存確率が高い環境にいるため、やる気は上がらないというジレンマを抱えるのですから困ったものです。

これまで見てきたとおり、人のやる気は不安定な状態がデフォルトなのです。やる気に関して心理的、技術的な解説をした書籍は多数出ていますが、どの書籍も、部下のモチベーションを上げるためには次の２つに注意することだと教えてくれています。

注意点①：部下のやる気が下がる要因を取り除く
注意点②：部下のやる気が上がる対応をする

「何を当たり前のことを」と思われるかもしれませんが、多くの上司は「どうすればやる気が上がるのか?」という②の要素に着目した方法だけを探しがちですので、①・②両方の視点から考えていただきたいのです。

あらゆる場面で、上司が部下全員のやる気をコントロールしようとしても現実的には無理があるので、モチベーションを上げるべき人とそうでない人を見分ける必要があります。そのときに**留意すべきは、「問題が起きているかどうか」です。**

「見た目」や「言葉」だけで判断するよりも遅刻などの「問題行動」や「周囲への悪影響」で判断し、組織や個人に問題が起きている(もしくは起きそうな)ときに介入をするのです。

人の表出する反応には個人差があり、見た目と心の中とは違う場合が多々あります。

上司は、明るい表情で元気に返事をして、周囲とうまくやっているような部下には「よしよし。あいつは大丈夫だな」と安心するものですが、リアクションが薄く、愚痴をこぼしてばかりの部下を見ると「この子のやる気をどうにかしないと」と思ってしまいます。

しかし、前者の部下が、元気よく外に飛び出して、そのまま喫茶店に直行していたりする人物なら、やる気とはほど遠いわけで、「彼は頑張っているのになぜ成果につながらないのか」という的外れな悩みを抱えてしまいます。

一方、ふだんは文句ばかりの部下がブツクサ言いながらも後輩を助けたり、地道に仕事をしてきちんとした成果を上げてくることもあります。ただし、愚痴や悪い態度が周りのやる気を失わせたり、職場の人間関係を悪くするような問題を起こしているのでしたら指導が必要だということです。

次項から、モチベーションを上げるための注意点①・②に即して、具体的なモチベーションへの対処方法について解説していきます。

Q
uestion
質問22

部下のモチベーションを下げている要因を排除するには？

A
nswer
結論

一人ひとりの情報を集めて環境改善をすることです。

前項で、人のやる気というものは一定ではなく、しかも有限かつ脳の習慣的に上下するものであることと、やる気と行動については個人差があって見た目からは判別しづらいことを説明しました。

この項では、**部下それぞれのやる気に関する情報を集めたうえで、上司が仕事へのブレーキとなる環境を改善しましょう**というお話をします。

部下は一人ひとり育った環境や持っている信念や軸が違いますから、本人がどういうときにやる気が落ち、どういうときに上がるのか、行動に移せない理由は何かといった情報をあらかじめ聞いておく対話が必須です。

私が研修で若手の皆さんからお聞きした「やる気を失うとき」は、次のようなものです。

・仕事をうまくやってもほめられないとき

・大きい責任や失敗が怖いとき
・仕事に意味を見いだせないとき
・上司が自分の仕事に興味を持っていないとき
・組織内に働かない人がいるなど不公平感や不満があるとき
・自分だけが辛い思いをしていると感じたとき
・家庭や人間関係がうまくいっていないとき
・将来が漠然と心配なとき

日々こんな考えが頭に浮かんでいれば、脳は仕事への原動力を失い、新しい行動が減り、生存のためにより安全な環境を探そうとするでしょう。

車にたとえれば、ドライブする理由も目的地もなく、ガソリンも入れず、サイドブレーキすら上がっている状態でいくらアクセルを踏んでも動かないような状態です。

上司は、人間のやる気に関する「メタ認知的知識」を持っておくことで、マネジメント上してはいけないことと、したほうが良いことの区別をつけられるようになります。

たとえば、

・人は自分のことよりも他人のためのほうが頑張れる
・人間関係の良い場所ではやる気が維持されやすい

・人は先々に小さくても希望があれば頑張ろうとする
・人は先々の損失を考えると回避しようとする
・人は自分が納得したことやコントロールできることは長時間続けられる
・人は行動を続けているときはやる気が下がりにくい

こうしたメタ認知的知識を踏まえて、上司としては次のような対応が考えられます。

・仕事の目標や目的を共有する（助け合う）
・今、ぶつかっている壁や不安を言語化させる
・やってほしい行動を具体的に伝える
・担当業務や座席を変えるなどの環境改善をする
・未完了を減らす
・とにかく行動をする

「未完了」とは、何かに着手しなければならないことは理解しているし、前に進まなければいけないとわかっていても、それどころではない問題を抱えている状態です。

「苦情のお客様が片付かない」とか「来週の試験が気になる」といった比較的短期で片付く未完了の要素があるだけでも、人の動きは鈍くなります。

その場合は、抱えている問題が解決すれば前に進みますし、そうでなくても未完了を完了に向かわせる具体的な計画や手段があるかの確認と、その未完了を言語化して信頼できる相手と共有するだけでも、脳に行動するための余裕が生まれます。

実は、私たちの脳は、**やる気がない状態でも、少しでも行動することでやる気が出る**ようになっています。私たちの祖先は、毎日食事にありつくため、獣から逃げるため、不安を払拭するために行動をしてきました。その行動の最中には、きっといろいろなことを考えたり、工夫をしたりしたでしょう。

そして行動の後には、空腹が満たされ、安心が訪れたでしょうから、そうして生き延びてきた私たちの脳に「行動すれば良いことがある！」と刷り込みが行われたものと考えられます。

したがって、モチベーションが上がらないとき、やる気が出てから行動しようとするのではなく、とりあえず1ミリでも前進するために、

- **机を片付ける**
- **TO DOリストを作って眺める**
- **1本でも、お客様にフォローの電話を入れてみる**

等の小さな行動から着手してみる方法が効果的です。

Question
質問23

部下のモチベーションを上げるための関わり方とは？

Answer 結論

「タスクの重要性」を共有することです。

さて、すでに説明したとおり、モチベーションとは上司が上げるものではなく、自ら発揮する「やる気」であり「何かを行うときの動機付けや原動力」のことです。行動する理由が明確だったり、ブレーキになっていることを排除または言語化したり、行動した後に生き残る確率が上がるような、脳が喜ぶような嬉しい出来事が待っていると思うだけでも意欲が出てきます。

やる気が下がる理由が見当たらないのに部下の行動に翳りが見えたときは、上司が部下の仕事に対する動機付けについて興味と関心を持って指導してみることはいかがでしょうか。

仕事への動機付けは、人や場合によってさまざま異なりますが、主に次のようなものが挙げられます。

①仕事をしないと叱られるから

②組織や仲間、お客様に迷惑をかけたくないから
③ライバルに負けたくないから
④自分にしかできない仕事だから
⑤恥をかきたくないから
⑥実現したい目標があるから
⑦報酬（金銭や昇進、利益）が得られるから
⑧会社や上司にはお世話になっているから
⑨仕事が面白い、楽しいから
⑩仕事をすれば人に喜んでもらえたり、認めてもらえるから

まだまだあると思いますが、あなた自身の仕事の動機付けは何でしょうか？

これらを分類してみると、**人がやる気が出るかどうかは「損失の回避」と「未来への希望」がカギを握っている**ように見えます。①から⑤が「損失の回避」で、⑥から⑩が「未来への希望」です。

部下に、モチベーションが下がったままではどんな損失を被る未来が待っているのか、自分の人生をもっとよくするために今やれることは何か？　これまでどんなことをしてきたのか、ということを思い出してもらうとやる気につながっていきます。

特に、どんな部下であっても、必ずやる気につながる3つの実感があります。それは、

①自己成長感
②自己貢献感
③自己操縦感

この3つです。

自己成長感とは、仕事を通して日々自分のスキルがほんの少しでも上がっているとか、自分のできる範囲が広がったなどの感覚です。人は、自己成長感が得られると走り続けることができます。上司は、部下のできないところだけでなく、日々部下の成長を見つけてフィードバックをしてください。

自己貢献感は、自分の仕事が組織やお客様、仲間など誰かの役に立っていると実感することです。他人から感謝されたり頼られたりすることは、行動の動機付けを強化します。

自己操縦感は、自分の仕事や自分の行動をコントロールできているという感覚です。毎日時間を縛られ行動の自由を奪われ、上司に指示されているだけではやる気は下がります。部下本人が納得したうえで仕事の進め方などを自分で決められることはやる気に大きく影響します。

これら3つを「**タスクの重要性**」と呼びます。

仕事をすることが自分の未来や人の幸せ、社会への貢献につながっているという実感は何よりも得がたい感覚です。そして、それらを自分の裁量や判断で回すことができたとき、人は責任感や使命感を持つようになるのです。

タスクの重要性は、忙しい日常の中では忘れ去られがちです。定期的に部下との対話で仕事の意味や本人や周りの成長を共有することで、やる気の効果が持続します。

私は20代の時、仕事に対してはあまり積極的になれず、求められても意見を言わず、試験勉強もせず、職場でも目立たないようにしていた時期がありました。

しかし、飲み会となれば自ら進んで幹事を務め、店を予約し地図をプリントして配り、会費を集め、司会を引き受け、二次会のエスコートをして、上司の水割りを作り、ハイテンションでおしゃべりと大笑いをして、会がお開きとなれば道路に飛び出してタクシーを捕まえて上司のお見送りまでしていたのですから、さぞかし上司は私を見て不思議に思ったと思います。今思えばあれが、仕事ができない私が組織で生き残るための戦略だったのでしょう。

よく「人の〝やる気スイッチ〟はどこにあるのでしょうか？」と聞かれるのですが、やる気スイッチとは「どこ」ではなく「なに」に対して存在しているか、だと思います。

前述のように、入社当時の私は仕事へのやる気は低かったわけですが、結婚すると「家族のために」、昇進すれば「部下を育てなければ」、また「もっと上に行きたい」と意欲が生まれました。40歳を超えたあたりから、そのやる気が「自分がやってきたことを次の世代に伝えたい」という動機づけに変化していき、ある方との出会いから独立という目標ができ、そのためには出版の必要性を感じ、出版するために猛スピードで動いて、初出版でいただいたご縁が元で独立することができました。

今の私を20代の自分が見たら目を疑うことと思います。本当に実現したい目的に出会えたときに人は驚くほどの行動力を発揮するのです。

きっと皆さんの部下も、仕事や人生の意味が見え始めたとき、異動や転勤で新しい出会いがあったとき、自分以外の誰かのために働く喜びを知ったとき、自走し始めると思います。

日頃から、部下が持つ仕事に対する動機や、どんな時にやる気をなくすのかなどを対話の中で共有しておけば、部下の「この上司は自分のことをわかってくれている」という想いがモチベーションに良い影響を与えます。

ここまでの中でまずは1つでもできそうなことが見つかったなら嬉しく思います。

Q uestion

質問24

とにかくおとなしい若手を元気にするにはどうしたらよいですか？

A nswer 結論

おとなしいことを「問題視」するのを止めることです。

若手がおとなしくて……というお悩みは、全国を訪問していてよく聞く話ですが、このお悩みを言われる方は「おとなしい」ことを良くないことと捉えている方が多いです。そんなとき、私は必ず「それのどこが問題なのですか？」と質問します。

「おとなしいことでお客様から何か苦情が出てるんですか？」

「仕事が滞ってるんですか？」

「仲間とうまくやれてないんですか？」

「報・連・相をしてこないのですか？」

など、具体的に何かしらの問題が起きているかどうかをお聞きします。

もしも、**ただおとなしいというだけで、問題が起きていないのであれば、そのままにしておいたほうがいいです**よというのが私の回答です。

そもそも、「おとなしい＝元気がない」ということにはなりません。通常と比べてへこんでいる状態なら元に戻す必要があるかもしれませんが、上司から見ておとなしい部下でも、その人にとってその状態がデフォルトであるなら、それ以上のパフォーマンスを無理に求めると、むしろマイナスに働くおそれがあります。

たとえば、あなたが仕事を普通にしているのに「もっと！　もっとハイテンションで！　まだまだ足りない！」などと言われ続けたらシンドイと思うのです。たとえ一時はテンションが上がっても、そんな不自然な状態はすぐに元に戻ってしまうでしょう。

忙しい上司ほど、組織内のさまざまなことに気がつき、目に留まったこと全部に対処しなければと考えます。特に、部下それぞれの様子や部署内の雰囲気に対しては、上司自身が持つテンションがそのまま基準値となりますので、上司のレベル感に達していない人には不満を抱きがちです。

しかしそんなことを言うと、もし上司が松岡修造さんだったなら、世の中の人は全員元気がない人になってしまいます。

そこで、上司の皆さんは、目の前の事象について「**これは問題なのか？　それとも課題なのか？**」のいずれなのかを見極めていただきたいのです。この2つはよく似た言葉ですが、本質が異なります。

問題とは「放置するとさらに悪化するであろうマイナスのギャップ」のことです。もしもストレスが高く、メンタル状態も悪く、部下や同僚の足を引っ張る発言をする部員がいるなら、それは「問題」ですので、きちんと対処しなければなりません。

一方、**課題とは「特に問題は起きていないが、対処すれば今よりも良くなるテーマ」**のことです。たとえばダイエットや英会話の勉強が長続きしないのは、特に問題がないけれども「できたらいいなあ」という状態が〝課題〟です。しかし医者から「あなたは早く痩せないと、このままでは大きな病気になるよ」と言われたら、真剣にダイエットに取り組まねばならない〝問題〟になります。

上司は組織に起こっているすべての事象を見通すことはできませんし、すべてを修正する必要もありません。

上司の立場からすると、おとなしく、主体性がなさそうに見える最近の若手がなんだか歯がゆくてイライラするのもわかります。ただ、本人からすれば、業務に支障が出ていないにもかかわらず普通の状態を変えろというのは無理な話です。これは、会社に行きたくなくなる理由としても十分理不尽だと思います。

「はじめに」でも述べたように、ひどい上司になると、元気を出させるという目的に対して「もっと元気に笑顔で応対しなきゃダメじゃない！」と叱るなど、機能しない手段を取って悪循環を招いていることもあります。

笑顔や元気を部下に求めるのであれば、同僚とのおしゃべりで笑顔になった時に「その笑顔でお客さんと話してみようよ」とか、明るい声で電話が終わった時に「今のごあいさつ、いいねー」と声をかけてあげることが良いきっかけとなって元気が出てくるわけです。

若手がおとなしいからダメとか、元気がないから直さなければという、上司自身の視点や思い込みを**「問題」と「課題」に分けた観点で考え直してみること**はどうでしょうか。

Column
コラム 2

部下の問題解決力に影響を与える「メタ理解」

自分を俯瞰するメタ認知力の中でも自分が何を理解していて何を理解していないのかを認知する力のことを**「メタ理解」**といいます。

メタ理解を鍛えると、目の前の事象に対して、問題や課題を見つける力が高まるので、部下の業務遂行能力を高めていくことができます。

たとえば、あなたの部下に「何がわからないかがわかりません」という言い方をする人はいないでしょうか。また、仕事の段取りを教えて「わかりました」と返事したはずの部下がまったく理解していないかのようなミスをしたことはないでしょうか。

人は、他人に何か言われた時はなんとなく理解した気になるのですが、深く追究したり、実際にやってみたりしたときに理解していなかったことに気づきます。それは「自分は何を理解して、何を理解していないのだろう？」ということを深く自問する習慣がないためです。

日本人は、世界でも有数の「察する力」が高い民族ですから、上司や目上の人に「お話のこの点がわからないので教えてください」と聞き返すような習慣がありません。しかも、上司に「早めにやっておいてね」と言われた時に「早めというのはいつまででしょうか」と聞くと中には「そのくらい自分で判断して」「早めは早めだから」などと押し通す上司もいます。上司の説明が悪いのではなく、聞いてこない部下が悪いとか、部下の理解力が足りないせいになる文化は未だに根強く残っています。

部下は、これまでの上司の感覚を想像して「だいたい1時間以内か」「午前中で大丈夫だな」と仮定して仕事をします。しかしこの場合、洞察力や忖度をする力は高まっても、メタ理解力は育ちません。

上司は、**察する部下ではなく、疑問をぶつけてくる部下を歓迎し、育てるべき**なのです。

部下のメタ理解力を知るには、部下に曖昧な質問をしてみてください。たとえば「この組織に必要な人材像ってどんな人だろう？」と聞いた時に、質問をせずに「元気な人」や「コンプライアンス意識の高い人！」と即答してくるとしたらメタ理解力が止まっている可能性があります。もし、「この組織に必要とは、どういった観点からですか？」「お客様の視点からでしょうか？　それとも内部的な視点からでしょうか？」等々の質問が出るようでしたら喜んであげてください。

上司も部下との対話でメタ理解を鍛えましょう。

たとえば、部下が曖昧な話をした時に、「具体的には？」とか「一言で言うと？」「本質はどこにあるのかな？」といった突っ込んだ質問をぶつけることで、理解が足りない点がハッキリします。質問した上司も、自分が発した質問内容を自分自身に問い直すことでメタ理解が進みますから、質問を多く使うことが大切なのです。

しかし、部下の質問に対して、聞かれて困るのか面倒なのか「そんなこと聞くなよ」とシャッターを下ろしてしまう上司も多いものです。

部下の意欲を高め、メタ理解力が深まり、ミスや誤解、お互いの行き違いを減らすために、質問力を駆使する上司が増えていくことを切に願っています。

Question
質問25

部下を伸ばすほめ方とは？

Answer
結論

部下を伸ばすほめ方のポイントは「目的」と「タイミング」、そして「関係性」です。

私は「自分はほめられて伸びるタイプです」と自分からアピールする若手が嫌いです。これは、「否定しないでね」「叱らないでね」といった防御本能が透けて見えることに加え、「あなたがほめなかったら私は伸びませんよ」という宣言をしているからです。

昨今は世の中的に、「叱るとパワハラと言われるので叱れない。だからほめ方を知りたい」とお困りの上司の声も増えてきました。しかし、叱るのがアウトだからほめるという消去法ではなく、それぞれに目的や良し悪しを理解した使い分けが必要だと思います。

「ほめる」とは、「**相手の行動や発言を強化するための肯定的なフィードバック**」のことです。

人をほめる目的とは、良い行動を強化・継続させることです。その目的に向けて、ほめるときに大切な要素が3つあります。

1つ目は**「即時性」**です。部下が良い行動を取ったときにはすぐほめましょう。

たとえば、お客様との電話を終えた部下に
「今の電話の声、とても明るくてよかったね。お客様への配慮が感じられたよ」

とほめれば、部下が「次も明るい声で電話をしよう」と思う可能性が高まります。

2つ目は**「挑戦」**です。

部下が「自分には少し難しいかな」とためらうくらいの経験（ストレッチ経験と言います）にチャレンジして乗り越えたときにほめます。上司はよく「何事も経験だからやってみろ」などと言いますが、人はどんな経験でも伸びるわけではなく、あまりに難しすぎても簡単すぎてもダメなのです。部下が、少し背伸びをすれば何とかできるレベルの仕事をしたり、さらに自分で改善点を見つけて修正したりなど、自分の意志で行動を続けているところを発見したらすかさず、

「やってみて何を学べた？」

「どんな工夫をしたの？」

「最後まで諦めずに頑張ったね」

といった「振り返り」を中心に対話してみてください。ほめるという行為は、本人が行動したことの認識と第三者のフィードバックが一致すると大きな効果があります。逆に、部下

が「俺、けっこう頑張った」というタイミングで声をかけなかったり、逆に「簡単な仕事だった」と思った時に「よくやった！」とほめても、「いやこれぐらいできるし……」と思われ、効果は低いと思います。

3つ目は「**影響**」です。部下が行動した後に「あなたの仕事が周りに良い影響を与えたよ」とか「あなたの契約がうちの組織を勢いづけてくれた」など、周囲への良い影響といった本人が気づきにくいことも含めて伝えるとより効果的です。

人は自分のためより他人のために動くときのほうがモチベーションが維持されるものです。「よくやった」という上からの評価的なほめ方より、組織への貢献や感謝を伝えたほうが「また頑張ろう」と思えるようになります。

また、同じほめ言葉でも、お互いの**関係性が悪いと逆効果**になります。部下に嫌われている上司の言葉は、一瞬で「部下をムカつかせる言葉」に変わります。たとえば「あなたの服、センスがいいね」というほめ言葉も、嫌われている上司が言うと「えっキモッ！　いつも私の服装をじろじろ見てるのかしら」と取られてしまいます。また、ふだん不機嫌顔でガミガミ説教をしている上司がたまに、「お前、今日調子いいじゃん。よくやったな！」とほめたところで「あんたのためにやったんじゃないよ」と思われておしまいです。

人は「ほめられたから」成長するのではなく、言動や存在を承認・肯定されることで次の行動につながり、ミスや困難を乗り越えようとしたり、そこで学んだことを次の行動に活かして成長していきます。

ほめるという行為は、使い方によっては逆効果にもなる怖いスキルでもあるのです。

なお、ほめ方とは少し離れますが「相手の行動を強化する」という観点から、上司が留意しておくべきことがあります。それは、上司が部下の**マイナス点を指摘しないことで部下が「自分の行動を肯定された」と捉えてしまう**場合があることです。

たとえば、部下が行動しないとか、仲間の足を引っ張るなど組織にとってマイナスの行動をしたときに、上司が忙しかったり、「まあ、今度注意するか」などと事態を甘く見積もって放置してしまうことがあります。

上司がほめもしない代わりに注意もしないこの状態は、部下にしてみると自分の言動を〝容認〟された＝自分の言動を修正する必要はないと捉え、その後もそうしたマイナスの言動をとり続ける可能性が高くなります。

「否定しなかった」「黙認した」ということが相手のマイナスの行動を助長させてしまうことがあるということも覚えておいてください。

Column
コラム 3

上司のバイアス「通常回帰の見落とし」

ほめることについて、上司側の認知バイアスという観点からの留意点も書いておきたいと思います。

人が何らかの行動をとって得られる結果は、常に一定ではなく、良い状態も悪い状態も、いつまでも続くわけではありません。つまり、上にも下にもブレるのです。

一定の良い状態、悪い状態が恒久的に続くことは基本的にあり得ないという原則は、人を指導するうえで押さえておいたほうがよい考えです。

たとえば、きちんと活動している部下の成績は一時的に悪くても、正しい活動を続けていればいずれ上がっていくものです。逆に、良い状態というのもずっと続くものではなく、人間である以上、スランプに陥ることもあります。

このように、物事はマイナスの状態であれプラスの状態であれ、特段何かをしなくてもやがては元に戻っていくことを**「通常回帰」**と呼びます。この通常回帰の性質を踏まえないと、自分がほめたり叱ったりした指導の効果を勘違いすることがあります。それが**「通常回帰の見落とし」**と呼ばれるバイアスです。

たとえば上司が、成績が低迷している部下を叱ったとしましょう。本来なら叱らなくても正しいプロセスで努力していれば、通常回帰の効果で成績が上がっていくものです。しかし上司は部下の成績が上がったのを見て、**自分がほめたから（あるいは叱ったから）この部下は成績が上がったのだと錯覚しやすくなる**、ということです。

今度は、部下の成績が良かった時にほめたとしましょう。通常回帰が働くと、いずれスランプに陥ることがあるのですが、上司はバイアスに気づかず「あいつはほめると調子に乗って仕事をしなくなるんだな」と勘違いしてしまうことがあり得ます。

「いやいや、上司が叱ったからこそ成績が伸びることもあるでしょ？」というご意見はあると思います。しかし、大切なのは、「上司が何かをしたから部下が変わった」のではなく、上司の支援も含めて部下が自分の力で立ち直ったというスタンスでいるということです。上司が部下を支配したい気持ちが強いほど「自分のおかげ」というバイアスも高くなります。

何もしなくても元に戻ったかもしれないのに、自分の言動と相手の行動の結果に「うまくいったら自分のおかげ」「だめだったら部下の努力不足」という因果関係を安易につなげることで、部下の評価を誤ったり、本来なら伸びたはずの部下の足を引っ張ったりしかねないことを頭に入れておきましょう。

Question

質問26

若手にリーダーシップを持たせるにはどうしたらよいですか？

Answer
結論

リーダーシップを求めるよりも利他的行動を求めることです。

リーダーシップに関する良書はたくさんありますので、今さら私がリーダーシップについて熱弁を振るうよりも、少し違った視点からの話をしたいと思います。

管理職研修で参加者をグループ分けし、「リーダーを決めてください」と言うと、あちこちでじゃんけんが始まったりグループの最年長者が指名されて決まることが多いです。

たとえ管理職であっても、自分の業務範囲外では自ら手を上げてリーダーをやろうとする人はとても少ないことがわかります。

そもそもリーダーとは、指導者や統率者、先導者であり、チームの目標達成や課題解決に向けてメンバーを束ねていく人のことです。

しかし、日本企業では、リーダーは立候補や資質、フォロワーからの信任などで決まらず、会社や上司から指名された職位や地位で決まりますから、順番が逆なのです。**部下にリー**

ダーシップを求めるのでしたら、手っ取り早くリーダー的立場にしてしまうことです。そうすれば、自然とリーダーシップは発揮されるでしょう。

「リーダーシップ」とは何かについて、さまざまな書籍をひも解いてみますと、

- **目標達成のために中長期的な目標を定める**
- **優先順位を付け、すべきでないことを排除する**
- **メンバーに適切な指示を出し、進捗が思わしくないメンバーを励ます**
- **人間関係を維持・円滑にすることでチームワークの質を高める**
- **元気がないメンバーの話を聞き、問題を解決し、チームに参加できるよう促す**
- **より高い目標に向かって挑戦をする**
- **常に意欲高く新しいことにチャレンジして前進していく**
- **最後まであきらめないで目標をやり遂げるためにメンバーを鼓舞する**
- **次のリーダーを作る**

等々の役割や資質が書かれています。

会社員は基本的にまじめで、与えられた役割を全うしようとしますが、役職がつかない立場で責任や権限が不明確なまま、根底にマイナスイメージがあるリーダーシップ的行動を期待されることには抵抗があるのだと思います。

ではどうすればよいのかというと、役職がつかない**若手には「リーダーシップを！」という代わりに「他人への利他的（貢献）行動を！」と求めること**です。

日本人の習慣にない、先頭に立って周りを引っ張る人を作るより、互いを助け合う人を増やすほうが文化に合っていますし組織はうまく回ります。

リーダーの行動は、「ギバー」と「テイカー」に分かれます。

世の中を見渡すと、仕事が順調で周りから尊敬され、いつも笑顔で人に囲まれている人がいます。人生がうまくいっている方々に共通すること、それは利他的な行動をしていることです。そういう人を「ギバー（与える人）」といいます。

たとえ役職についていなくても後輩を助けたり、一番早く出社して環境美化に勤めたり、誰よりも電話を早く取ったり、いつもご機嫌で元気よく動いたり、自分の仕事に余裕が出たら自分にできる仕事がないかを探したり……といった行動ができる人、そのような人が損をしない組織にすることが上司に求められます。

ただし、ギバーの性質には副作用もあります。ギバーは他人への共感力が高すぎる傾向があり、同情心から正しい判断ができなかったり、仲間意識が強いあまり特定の思想に偏ったり、同調圧力に負けたり、我慢強さが裏目に出て身体を壊したり、間違った努力を延々と続けたりするなどといった弊害が指摘されています。

一方、「テイカー」は、他人よりも自分を優先し、利己的な行動をとる人のことです。競争社会に放り出され、周りはみんなライバルだと教わり、数値目標達成を至上命題として育った人は「テイカー（奪う人）」と呼ばれる存在になっていきます。

テイカーは、他人より多くの利益を手にするよう動きます。相手が望んでいることよりも自分が優先です。テイカーは、競争社会で常に自分が他人よりも上にいたいという欲が強く、自分が上にいくことこそが人生の勝利と考えます。

そして、テイカー型のリーダーの下では組織は消耗していきます。情報を独占する人には新しい情報も入りませんし、持っている情報もいずれ陳腐化していきます。

リーダーには、さまざまな苦悩があります。1年のうちほとんどはうまくいかないことばかりかもしれません。

しかし、そんな時にも決してあきらめずに、どうすればうまくいくか、知恵を集め、次はこんな工夫をしてみよう、ダメなら他の手段を試してみようと対話を続ける姿勢が成功につながります。

そうした前向きな姿勢はテイカーよりもギバーの習慣、つまり自分以外の誰かのことを想い、誰かのために動き続けることでより強く身につきます。

若手が育つ組織に必要なのはリーダーシップよりギバーの習慣です。

最終的に、部下の行動は上司の鏡だと思っていただき、上司が常にご機嫌で人のために動く、利他的行動を示していくことが大切だと思います。

Q
uestion
質問27

言われなくても自分で気づける自主的な部下に育てるにはどうしたらよいですか？

A
nswer
結論

最初は言ってあげましょう。

私が生命保険会社の営業所長をしていた時は、部屋に落ちているゴミに初めに気づくのは私でした。他にも気がつく人はいましたが、気づいても拾おうとしないのです。私はしばらく様子を見ていましたが、イライラが頂点に達した私はやがて「室内にゴミが落ちているのに、なぜみんな拾おうとしないんだ！」と怒鳴ります。部下はイヤイヤ拾うのですが、空気は最悪になります。

私たちの**脳は、入ってきた情報が自分に関係あるかを自動的に振り分けています。**したがって、ものすごい量の情報に囲まれた現代の私たちは、世の中にあるもののほとんどを見落とすことになります。私たちも、路上や駅のホームのゴミが目に入ってもわざわざ拾うまでの行動はしないでしょう。ゴミは近所の住人や駅員さんが捨てるだろうと、ゴミが落ちているという情報を「放置しても問題なし」と「意図的に」解釈を変えているのです。

人が何かに気づくための原則は3つあると思います。

原則その1は、前述のとおり、**他人の視点は他人に言われるか意識的に他人の視点を取り入れなければ手に入らない**ということです。ですから、上司は「言われなくても気づけよ！」ではなくて、自分がゴミに気づいたら「そこのゴミを拾ってください」と部下に伝えるか、黙って拾えばいいのです。そこで初めて部下はゴミに気がつく（＝自分事として解釈する）のです。

それでも、「いや、私は何度も言っています！　それでもやらない部下が多いんです」と言うのでしたら、それはきっと当人にとっては問題ではなく、他に優先することがあるのかもしれません。

原則その2は、上司にとっては身近でも、部下にとって**遠い気づきは、その立場にならないと気づかない**、ということです。私たちは、身近な人が困っていれば、それに気づいて助けるという行動にも出ることがあります。しかし、自分から遠い存在、たとえば遠い外国の子供たちが毎日食べ物がなく困っているニュースを見て「はっ！　こうしてはいられない。すぐに寄付をしに行かなきゃ」と思うかというと、なかなかそうはなりませんよね。

原則その3は、**何かに気づくかどうかに関しては、能力的な差ではなく、立場や役割的な差が大きい**ということです。

私は、部署の飲み会で幹事を務めた時には、誰のお酒が減っていて誰が楽しんでいるとかいないとか、誰と誰がよく話しているとか、参加者の食事の進み具合は……など周りの様子が非常に気になっていました。しかし、幹事でない時には、自分が楽しむことに夢中で会場全体に目が行き届いていませんでした。

上司が気づいてほしいことに部下が無関心だとイラッとすることはよくわかります。しかしその部下も上司の立場になるとまた見方が変わってきます。自分が親になると、街中で黄色い帽子をかぶったお子さんたちが目に入ってくるようになるのと同じようなものです。

逆に部下から見て「なんで上司は気づかないんだ？」といったこともしばしば起きています。たとえば、あからさまに働かない年配のメンバーがいると「なんで上司は注意しないんだ？　見て見ぬふりかよ……」と腹を立てます。人が何かに気づいたときは、代償としてその反対側にあるものを見落としてしまう「**トンネル視**」というバイアスが働きます。上司が、若手が働いているかどうかに注意を向けているときは他のメンバーのことを見落としてしまうのです。そのため、上司が部下とは違う視点で対話をすることはバイアス修正効果があります。

たとえば、研修から帰ってきた部下に「おかえり。どうだった？」ではなく、「どんなところが学びになった？」とか「うちの組織で使えるものは手に入った？」と質問してみてください。そうすると、上司や組織からの視点で研修に参加していなかった部下は、次回から、上司に報告するための視点と行動を伴って研修を受けるようになっていきます。

結論としては、「気づき」とは他人との交わりや対話の中で後天的に伸びる習慣ですので、上司が気づいてほしい、行動してほしい部分を、細かくても伝え続け、質問も使いながら徐々に習慣にしていくことが一番効果的ではないかと思います。

Q
uestion
質問28

部下にもっと危機感や緊張感を持って仕事をしてもらうにはどうしたらよいですか？

A
nswer
結論

危機感は管理職以上が持つものです。部下には責任感を持たせることです。

不思議なことに、部下に危機感や緊張感を持たせれば仕事の生産性が上がると思い込んでいる上司は多いです。うっかりミスのような単純ミスを防ぐためには、適度な緊張状態は短期的には効果があることがわかっています。しかし他人に強制された緊張感は、目の前の出来事よりも、悪い結果を想像するほうに意識を向け、リスクを避けるために行動がにぶくなって生産性は下がります。

私の上司も、締切り日には、机で腕組みをして怖い顔でこちらを睨みつけていました。そのうち「今日が締切り日だってわかっているのか、お前ら！」と怒鳴り出すので、あわてて外に出かけるのですが、当然、もう当たれる営業先には当たり尽くしています。弱り果てた私たちは喫茶店に集まり、上司の悪口大会となるのでした。

部下を過度に追い込むと、短期的には部下が動くことがあるため、成果が上がったかのように見えます。しかし、長期的な育成においては、マイナス効果のほうが強くなることを覚えておいてください。

2人の被験者に知恵の輪を早く解いてもらう実験で、そのうち片方の頭上に風船を釣り下げ、空気を入れていく装置を付けてタイムリミットを設定したところ、もう一人のノンプレッシャーの被験者のほうが早く解けたという研究があります。

スポーツでも、本番前に選手に過度の緊張を強いるコーチはいません。状況を理解し、自分が何をすべきかわかっている選手は自分で適度なストレスを作って本番に臨むものです。

結論的には本人にやる気がある場合は少し強めのストレスを与えても大丈夫です。そして本人にやる気があっても、難しい課題の場合は、進捗確認などの弱めのストレスの中見守る、支援するといったことが大切になります。

したがって、やる気が高くない部下には緊張感ではなく、日頃の仕事に対して使命感や責任感を持たせていくほうが生産性は上がりますし、締切りや時間を守るようになります。

ではどのようにすれば使命感や責任感が育つのでしょうか。それは、**仕事に貢献・感謝・期待をひも付かせる**ことです。

ある研修で、「仕事への意欲をなくしています」と言う若手の方がいました。理由を聞くと、自分は自動車保険の契約をたくさん取ってきたのに、ある時上司に「お前、今の会社の状況はわかってるのか？　もっと利益の高い生命保険契約をあげてこい」と叱られたそうです。自動車保険契約をあげても、「こんな小さな契約じゃなくてもっとでかいの持ってこい！緊張感が足りねぇんだ」などと言われてしまう毎日に、その方は、「小さいかもしれませんが自分では件数を稼いでお客様を増やしてきた自負があるのに、そうした事情にはいっさい目もくれず、利益、利益、利益という姿勢にやる気をなくします」ということでした。

利益を追うなということではありませんが、本人が1件でも多くの契約を取ることに熱心に活動しているのでしたら、そこをまず認めたうえで「そのお客様から紹介をもらえないか？」「このお客様にもう1つ必要な保障を提案することはできるか？」などの、リクエストをしながら話し合うことが上司の役目のはずです。

会社の評価項目としては違う成果なのかもしれませんが、意欲的に契約を取ってきた若手に対して、緊張感が足りないと言ってしまうのはいかがなものかと思います。

責任感や使命感は、自分の行動が誰かの役に立っている、誰かに感謝されている、誰かに期待されている、という実感によってもたらされるものです。

部下を自発的に動かそうという想いが「緊張感を持て」という言葉に置き換わっているのだとしたら、それは部下のやりがいや納得感を削っている行為かもしれないと一度立ち止まって考えてみてください。

さらに、部下に危機感を持たせようものなら、「ここは危ない」と認識した部下は離れていくでしょう。

本当に今、あなたの組織で共有すべきものは、リスクやデメリットを考えても危機感や緊張感が上位にくるのでしょうか？

Question
質問29

価値観がバラバラの部下に同じ方向を向いてもらうにはどうしたらよいですか？

Answer
結論

「同じ方向の抽象度」を上げることです。

研修で皆さんに「同じ方向とは何ですか？」とお聞きしますと、だいたい「ビジョン」や「理念」という答えが返ってきます。

ビジョンや理念の浸透のためにスローガンを壁に貼って唱和したり、会社から配られるクレドや手帳を読み上げさせたりしている企業も多いと思います。しかし実際は、上司が言う「同じ方向」とは「自分と同じくらい情熱や危機感を持って仕事をしてほしい」とか「向上心を持ってほしい」「モチベーション高く仕事をしてほしい」ということなのではないでしょうか。

私にも覚えがあります。仕事をのんびりやっているように見える部下に対して「なぜおまえは会社の状況を理解しないんだ」「最近の子は貪欲さがないな」と苦々しく思っていました。そして「どうしたらこの部下に自分が見ている景色を見せてあげられるだろうか」と思い悩んだりしたものです。

しかし、部下を面談の時に叱ったり、コンコンと説き伏せても、上司の言う「同じ方向」へと強制的に向かせることはできません。部下によって、仕事はほどほどでいいという人、私は頑張りたいという人、特に偉くなりたくないという人、一生この会社にいるつもりはありませんという人、それぞれの考えがあるでしょう。仕事に対しても、大嫌いな人もいれば、楽しいという人もいれば、単に給与のためという人もいます。**全員の仕事に対する価値観を一致させることは難しい**です。

そのような前提を踏まえて、上司がやれることは3つあると思います。

1つ目は、**「同じ方向の抽象度」を上げる**ことです。

人は一人ひとり違う生き物ですので細部を一致させるのは難しいものです。一方で、人は社会性の高い生き物でもありますから、自分が社会の役に立ちたいと考える基本的な部分は一致させやすいのです。

たとえば、「みんな、いろいろな思いで仕事をしていると思うけど、地域のお客様のお役に立ちたいという思いは同じということでいいですか？」「豊かな人生を送りたいとか、仲間を思いやって支援することに異論はないでしょうか？」など、少し大きくて、抽象的ながら「まあ、それはそうだよな」という本質的な部分で一度うなずいてもらうのです。

2つ目は、**「ルール」を一致させる**ことです。

「自分で決めた一日の活動計画は全うすること」「必ずダブルチェックをして互いにミスをなくす努力をすること」「仲間への意見は言っても誹謗中傷や陰口を禁ずること」など、みんなで決めたルールという名の方向に向かわせることができます。

3つ目は、**「テーマ」や「アイデア」を共有する**ことです。

「今回○○という目標を割り当てられたが、目標達成のためにできることは何だろうか？」「今日はA君のお客様であるB社長攻略のアイデアを募集します。皆さんがA君の立場だったらまだ他にやれることはあると思いますか？」など、仲間の仕事に対しても意見やアイデアを共有することで組織内のリレーションシップが向上していきます。

全員が同じ方向を見るためには、上司がひとり朝礼で繰り返し声を上げても限界があるのだということです。

第1章 育成の手法と視点の壁
第2章 期待の壁
第3章 支配欲の壁
第4章 人間関係の壁
第5章 価値観の壁

Question

質問30

職場に人が少なく新人教育に時間が取れない場合の指導方法とは？

Answer 結論

皆さんの時間を少しずつ分けてもらうことはできませんか？

どの現場もそうですが、今、とにかく人がすぐに辞めてしまい、人手が足りず、仕事量は減らず、疲弊しているという声が聞かれます。日本の人的資源の枯渇具合はかなり危機的状況であると感じます。日本でも、欧米のように少しずつ賃上げをする企業は増えてきましたが、転職市場が活況な現状では、より待遇の良いところへと人が流れる傾向は今後も加速していくでしょう。

部下を育てる基本はコミュニケーションです。それなのに、「職場での私語は禁止」やコミュニケーションを「忙しいから」などの理由で軽視している文化があるようでしたら、まずはその認識から変えていかなければなりません。

コミュニケーションは、本能ですから食事と同じように朝・昼・晩と行うのが良いとされています。不足するとメンタルに良くない影響を与えることがわかっていながらも、どう時間を捻出するかが課題となっている職場は多いようです。

月に一回、30分程度の一方通行の面談時間を確保するよりも、**毎日3分～5分でも双方向の対話をしていくほうが人の心には良い影響を与えます。**

そこで提案なのですが、毎日、職場の全員が自分の時間を5分ぐらいとって、若手に声をかけることや、一人5分～10分の時間を作って別室で仕事のことや社会のこと、人間関係、人生、お悩み、優先順位、入社してからのギャップ……などを聞いたり、レクチャーしたりすることはできないでしょうか。

直属の上司だけでなく職場のみんなが新人に関心を持ち、相談に乗ってあげることで業務知識や職場の文化、その他のノウハウを伝えることができます。全員が毎日とは言いませんが、職場の3割くらいが交代で新人への声かけに参加すれば3日に一回ぐらいのローテーションで一巡します。上司が外出する際に、他の人に「あとであの子と話してくれませんか？」「この後、電話のとり方について5分間話せる人います？」などと話を振って、皆さんの仕事のやりくりの中で関わり続けてあげることが新人の育成には好影響を与えます。

1日8時間働く中で、昼食をとり、トイレやタバコに行けるのなら、3分～5分の時間を作ることは不可能ではないはずです。

それが無理なら、日々の朝礼で上司がしゃべる時間を削ってでも、先輩と後輩でペアを組ませて、「私のプチストレス解消法」とか「テンションを上げる方法」「寝起きをスッキリさせる方法」「嫌なことを忘れる方法」などのワンテーマを与えてディスカッションさせたりするほうがテンションも上がると思います。それが月に20営業日と考えると、相当なコミュニケーションの時間を確保できるのではないでしょうか。

本当に人手不足で大変な中ですが、人を育てる企業には人が集まるものです。万が一でも「あの企業では人が育たない」という評判が立ってしまうことで、人の確保がますます厳しくなっていくという悪循環は避けなければなりません。

周りの仲間の時間を、**〝ちょっとずつだけオラに分けてくれ〟と新人に関わる時間に充てるドラゴンボールの元気玉方式**を一度職場で試してみてほしいのです。

Question
質問31

若手はすぐに辞めるので育成意欲が持てないのですが どうしたらよいでしょうか？

Answer 結論

辞めようが辞めまいが ご縁あった人の人生を応援するのが大人の役割です。

部下育成を語るうえで、若手の離職問題は必ずぶつかる壁です。時間をかけて育てた部下が「ちょっとご相談が……」と言ってきた時の、胃をキュッとつかまれる感覚は何回経験しても慣れるものではありません。上司の皆さんは、せっかく育てた部下に辞められたり、やっと戦力になったと思ったら転勤で他の部署に取られてしまったりといった辛さを日々感じていることと思います。

若手の離職問題は、どの企業でも起こっている話です。しかし、「**3年間で3割**」という若手の離職率の数字は30年ほど前からありましたから、当時から目に見えて大きく増えたわけではありません。ただ、スマートホンの出現によってこの10年での「情報量」が一気に増えたことで、転職への心理的なハードルが大きく下がったことは言えると思います。スマートホンを開けば、すぐに転職情報や転職の成功事例にアクセスできる時代ですから、たとえ根拠がなくても「自分は会社を辞めても食べていくことができる」「転職先がある」という確信を高めてくれます。退職をためらう時間も減り、勘違いも含めてマインドへの影響は大きくなったと思います。

退職希望の若手に、「なぜ辞めるの?」と聞いても、

「前から公務員を目指しておりまして……」

「もっと自分の力を試せる会社が見つかったので……」

といったような、本当に本心かどうか怪しい答えが返ってきます。

私はこれまで研修で「転職先があるから転職する」「この会社にいる理由がない」といった理由が本音であると話す若手を数多く見てきました。

つまり、**会社を辞める理由より、仕事を続ける理由の喪失が離職の多くの原因として見受けられる**ということです。

今の時代に若手の離職を少しでも減らしたいと考えるのなら、次の3つの観点から会社全体で取り組む必要があると思います。

1つ目は、**上司の影響力を上げること**です。

若手が辞めるのは、その人の人生はその人のものですから仕方がないことです。むしろ応援してあげる気持ちを持つことが大切だ、と腹を決めたうえで、

- **上司として仕事の先に待っている明るい未来を見せているか？**
- **上司自身が日々成長している姿を見せているか？**
- **上司は毎日ご機嫌で仕事をしているか？**
- **部下を守るために上役と戦っているか？**

などを自問自答し、部下にこの会社にいたいと思わせる材料を提供することが大切だと思います。

2つ目は、**制度の見直し**です。

給料を上げたり、福利厚生制度を充実させたりしても、慣れてしまえば、効果は限定的です。それより、最近徐々に導入が拡大している「副業制度」や、会社を一度辞めても戻ることができる「再雇用制度」、社員が新しい企画や仕事に応募できて、成果や評価にかかわらず元の部署や仕事に復帰できる「キャリアチャレンジ制度」、あるいは公募制で役職を経験させ、ダメでもペナルティなしで元に戻れる制度など、キャリアにプラスとなる制度を取り入れることは必須になるでしょう。

3つ目は、**部下の人生を応援し、辞めた後も良い関係でいること**です。

私が前職を辞める時、「お前、ウチを裏切るのか？」と言った方がいます。自分としてはやりたいことが見つかったので、辞めた後も良い関係で、お客さんとして応援できることをしたいと思っていましたが、こんな言葉をかけられてはその気持ちも萎えてしまいます。一方で、お世話になった方が、新人研修で私の例を挙げて「当社は、独立をして活躍する人材を輩出できる、市場価値が身につく会社です！」と言っていただいたと聞いて、この方から仕事の依頼をされたなら、手弁当で駆けつけ、お役に立ちたいと思いました。あなたも辞めていく部下から、

「あなたのおかげで自分の道が見つかりました」
「あなたのおかげで外の世界で食べていく力がつきました」
「あなたのおかげで本当にやりたい道が見つかりました」

と思ってもらえるような環境を作ることをやりがいにしませんか。私がそうでしたが、人は、自分の人生を応援してくれる上司の下では、「この上司がいるうちは頑張ろう」と考えるものです。

今の時代、企業は人的資源を確保するための制度を作り、上司は外の世界でも活躍できる市場価値の高い人材を育て、なおかつそのような人材を、あなた自身の魅力で社内に引き留め、そしてもし会社を辞める部下がいても応援を約束するといった、部下だけでなくあなた自身の市場価値や人間性も丸ごと磨いていく時代となっているのです。

Question
質問32

仕事を部下に任せずに自分のほうが早いからと上司が済ませるのはやはりマズいでしょうか？

Answer 結論

上司が代わりに仕事をしたときに部下の心に何が芽生えるか？　によると思います。

本書の冒頭にも書きましたが、他人を使って成果を出さなければいけない上司という仕事は本当に大変です。

- **成績が上がらないので自分が数字を持ってきてしまう**
- **文章が下手な部下の代わりに自分が書類を書き上げてしまう**
- **営業に同行していたのに見ていられずに部下の代わりに全部説明してしまう**

等々……私にもそんな経験があります。

上司が部下にやらせるべき仕事を「自分がやったほうが早い」と感じる時はおそらく頭の中は締切りや上役へのプレッシャーが勝り、育成の観点を見失っている時だと思います。

部下の成長のためには、上司は部下に仕事を任せなければいけないと考える方は多いですし、多くのマネジメント本にもそのように書いてあります。

しかし、私は、**上司が部下の仕事をやったほうがよい場合もあるため、その基準や考え方を部下と共有しておけばOK**だと思っています。

その昔、私は融資の仕事をしていて、決裁の稟議書を書いていたのですが、上司からよく「この論理構成では融資できない。書き直し」と言われ、ジリジリと融資の実行日が迫るなか、非常に胃の痛い思いをしていました。最後の最後、締切りギリギリになると上司が私から稟議書を引ったくりサラサラとペンを走らせ、「これを持って審査部に行ってこい」と言うのです。私は自分の仕事を全うできずに恥ずかしいと思うと同時に、助かったという思いでした。

その後は迷惑をかけないよう、早めに準備にかかり、過去の稟議書を読み込んで、徐々にではありましたが、審査に通るような稟議書の書き方を身につけていきました。

上司が部下の仕事に手を出したとき、部下が申し訳ないと思う気持ちを抱くなら、その後部下は行動を改めようとする可能性が高まりますが、単に「ラッキー」と思うようなら部下の代わりに仕事を済ませてはいけないということです。

上司は「これはスピード最優先」「お客様に迷惑をかけられないから最後は自分がやる」など仕事に応じた最終ラインを決めておき、影響が大きい仕事に上司が最後に手を出すことはやむを得ないと思います。

そして、その考え方をきちんと説明してあげることが必要です。その説明がないと、上司が「あの書類、こっちでやっといたから」と言っても部下は「え？　上司がやってくれてラッキー♪」で終わってしまうだけです。

通常、多くの組織では上司が判断して部下が作業するという分担になっていますが、新しいシステムが導入された時などは、「機械回り＝部下の仕事」というように特に判断することなく任せてしまうことがあります。しかし、部下だけに任せるのではなく上司も実際にシステムに触れておいたほうがよいと思います。なぜなら、何が便利になって、どれだけの手間や時間が削減できるのかといった事情がわからず、仕事の割り振りに実態とズレが生じることがあるからです。

「俺は機械のことはようわからんから」と言って敬遠している上司は、何が効率化されるのかがわからないため仕事のスクラップをうまく進められず、部下からすると「なぜこの作業がいまだに手作業なの？」「余計な仕事が多すぎる」などとしか思えないミスマッチを残したまま、みんなの意欲だけが下がっていくことにもなりかねません。

部下に仕事を任せないことを心配するよりも、部下との間で業務量や優先事項を共有し、「自分がやってしまうことのデメリットは何か？」「この仕事を部下に任せることでどんな成長ができるのか？」と自問をしながら、局面に合わせてその都度判断をしていくことがお互いの成長につながります。

仕事を部下から取り上げる必要があるかどうかは、その部下が罪悪感を抱くかラッキーと思うかという観点も判断材料に含めてみてはいかがでしょうかというお話でした。

第4章

人間関係の壁

――「人の心」の学びと理解と共感と

Q
uestion
質問33

部下のプライバシーにどこまで踏み込んでよいのでしょうか？

A
nswer
結論

「踏み込む」という感覚を見直したほうがよいと思います。

上司として、企業として、部下の必要最低限の個人情報を知っておくことは大切です。家族情報や緊急連絡先、住所や通勤手段、通勤時間など、万一に備えて知っておかなければいけない情報はあると思います。しかし、それ以上のプライバシー情報に関しても、踏み込むどころか、押し入ってくる上司もまだ多いようですね。

私が仕えた上司がまさにそのタイプで、心の中に土足でズカズカと押し入ってくる方でした。私の顔を見ると頻繁に「子供はまだか？　子供はいいぞ」と言ってくるので、ただただ苦笑いで返すしかありませんでした。20年くらい前まではこういう上司が結構いたように記憶しています。

一方で、部下と気軽にコミュニケーションを……と思いながらも、あれを言ったらパワハラ、これを聞いたらセクハラと気にするくらいなら、下手に声をかけない方がマシだとなり、ますます部下との距離が遠ざかる、ということが職場で起きています。

若手の研修でこのテーマについて聞いてみますと、多くの方が「別にプライベートを聞かれることは嫌ではない」と答えます。

では、何が嫌なのかというと、プライベートに関してまで上司面をしてくる人が嫌だというのです。どういうことかというと、

上司「土日はどうしてるの？」

部下「はあ、昼まで寝てゴロゴロしたりゲームとかですかね」

上司「ゲーム？　そんなことじゃダメだぞ。運動とか、趣味を見つけないとな。彼女はいないのか？　あと、試験が近づいてるんだから、勉強はできているのか？」

と、これがダメなのです。上司は部下のプライベートを把握して、ワークライフバランスに配慮しているつもりかもしれませんし、悪気なしに無意識に上司として管理したい気持ちが出てしまっただけかもしれません。しかし、部下にしてみれば、**なぜプライベートにまで上司にゴチャゴチャ口出しされなきゃならないの？**　というのが率直な感想だと思いますし、これは私でも嫌になります。

部下のプライベートに対してマイナスのジャッジをすることは避けたほうがよさそうです。あまり神経質にならずに、

部下A「休日はゲーム漬けですね」
上司「うちの子も好きなんだよなあ。どんなゲームが流行っているの？」
部下B「週末はピアノのレッスンなんですよ」
上司「音楽ができる人は羨ましいね。ピアノは何がきっかけで始めたの？」
部下C「特に何もしてないっすね」
上司「何もしない休日。贅沢だねえ。そういう日もあっていいよな」

くらいの受け答えでいいのです。

踏み込むとは、「許可なく相手の領域に足を踏み入れる」ことですから、心配な方は、**どこまでなら話題にしてよいかを部下に聞いてみる**のはどうでしょうか？　こういった主観的で線引きが難しい価値観を尋ねるタイミングは、異動で配属されて間もない頃が向いています。相手も新しい職場のルールを知らないので、間違いを防ぐ意味でも、自分の考えを積極的に話してくれる場合が多いです。

「今後一緒に仕事をしていくにあたって、あなたのことをいろいろ知りたいので、プライベートな話も時には聞いてしまうかもしれないけど大丈夫？　私のこともどんどん聞いてくれていいよ」のように、気軽に話題の境界線について話しておけばお互い気が楽になります。

もう1つ大事な注意点があります。それは部下に聞いた話を周りにペラペラ話さないことです。昔、私が上司との飲みの席でおつまみを残して、「なんだ、白戸は○○が嫌いなのか？」「はい、子どもの頃から苦手で……」という会話があった翌日、昼食時に私が注文しているとその上司が突然「白戸は○○が嫌いだもんな」と言い始めたのです。この時は「この人はなんで私のコンプレックスを公の場で話してるんだ？　許可した覚えはないぞ」と不愉快になり、しばらくその上司に腹を立てていました。

以上のことをまとめますと、

- **相手が許可した範囲に留める**
- **マイナスのジャッジをしない**
- **知った情報を安易に口外しない**

この3つが部下のプライベートへの立ち入り方の鉄則になります。

Q
uestion
質問34

1on1ミーティングでは、やはり部下に答えを言ってはダメですか？

A
nswer
結論

上司は自分の答え（考え）を言ってかまいません。

「上司は部下に答えを言うな」とする文化は、1998年頃に日本に入ってきたコーチングの影響が大きいと思います。**「答えは相手の中にあるのだからコーチは答えを言わない」**というコーチングの前提は、それまでのティーチングによる育成の行き詰まり感の打開策となり、大手企業が次々とコーチングの導入を決めたことで一気に広がっていきました。

私も会社員時代にコーチングを学び、その効果と魅力にハマった一人でした。企業研修でもコロナ以前まではコーチング研修の依頼がひっきりなしにきたものです。日本に導入されて20年以上が経過した現在、コーチング文化はセミナー業界を中心に広がりましたが、企業の現場にはあまり根付いてはいないと感じます。

理由は大きく3つあります。1つ目は、コーチングスキルというものはそんなに簡単に身につくものではないということ、2つ目は「現場ではコーチングをしている余裕がない」、

3つ目は「上からの指示でコーチング（らしきこと）をやっているけど効果が感じられない」などが挙げられます。

コーチングがひととおり認知された後に登場したのが**1on1ミーティング**です。これは、アメリカのシリコンバレーで生まれ、日本では2012年にヤフーがいち早く導入した、上司と部下の対話（意見交換）手法です。

従来の面談は、評価の伝達や業務の進捗確認が主な目的で、基本的に上司が一方的に話をします。一方、**1on1ミーティングは「部下が主役」という認識の下、双方向の対話型を基本とします。**お互いに信頼関係を築き、離職を防止したり、生産性を高めるアイデアを話し合ったり、業務の効率化などにつながるコミュニケーションを通して最終的に目標達成を目指します。この手法で、部下は安心して上司に疑問や耳の痛い意見をぶつけることができ、責任感を持って主体的に課題解決への道筋を考える可能性が高くなります。

双方向の対話で再び注目されたのがコーチングです。効果的な1on1ミーティングのために「そうだ、相手から話を引き出すのならコーチングがいいんじゃない？」と誰かが言ったか言わないかはわかりませんが、コーチングと1on1ミーティングが混同された使われ方になっているようです。

しかし、私が研修でお会いする人事部の方々は、「導入から2年経ちますが1on1ミーティングがなかなか定着しなくて……」「結局は上司が一方的に話してしまうんですよねえ」と組織への浸透の難しさを語り、上司の皆さんからは、「毎月（多いところは毎週）全員と30分の面談なんて、人が減って残業もできない中では正直大変で……」「1on1ミーティングの効果や意味がわかりません」との声もお聞きします。

これらの感想は、コーチングが広がって衰退していった経緯と非常によく似ています。誤解のないように申し上げますが、コーチングも1on1ミーティングも部下育成には非常に効果的な手段だと思います。ただし、**「優秀な部下に対しては」の条件付き**です。

つまり、意欲があり、アイデアにあふれ、行動力がある優秀な人材に対しては、上司が答えを言うことで、相手の意欲を削ぐなどブレーキになってしまう可能性が高いので答えを言わないほうがよいのです。1on1ミーティングによって部下の自主性が増すというより、もともと自主性が高い部下や、本人に自主性が芽生えてきたときに、1on1ミーティングで意見交換をしたり、アイデアを共有することが効果を発揮するのです。

コーチングを取り入れても、自分で考えない部下や経験年数が浅い部下に「あなたはどうしたい？」と聞いたところで「さあ……」「わかりません……」と返ってくるのは当然です。

そんな場合には上司がヒントや答え、考え方を伝える「ティーチング」のほうが適切です。

また、互いの関係性を強くしたかったら面談時間を取らなくても**一緒に作業をしたり、上**

司の顧客訪問に連れて行くなどの「1on1ワーキング」のほうが効果的だと思います。

1on1ミーティングの基本は意見交換ですので、上司が自分の「考え」を伝えることはおかしくないのです。「この上司と話すとやることが明確になるな」「上司との対話で悩みが軽くなったな」と気づいた部下は、これからもあなたとの意見交換を求めてくるでしょう。

ティーチングが古いわけでも、コーチングが万能なわけでも、1on1ミーティングが画期的なわけでもありません。**相手や状況に応じた対話手段を柔軟に使い分ける**こと、それが私の「答え」です。

第1章 育成の手法と視点の壁
第2章 期待の壁
第3章 支配欲の壁
第4章 人間関係の壁
第5章 価値観の壁

Question
質問35

ニオイなど本人に言いにくいことを職場でうまく伝える方法とは？

Answer
結論

周りの全員の協力をもらって対策する方法はいかがでしょうか。

私の若手時代には、「お前、風呂入ってるか？」「スーツが汚れているぞ。クリーニングに出せよ」とストレートに言ってくれる先輩や上司が結構いました。

本書でも何度か出てきた話ですが、部下に何かを伝えることそのものがリスクとなり得る時代、このような話はなかなかハードルが高いタスクになっています。

ある研修で、私のところに「部下の身だしなみ……何とかなりませんかねえ」と相談に来た人の肩がフケでまっ白だった、などということもよくあります。

自分では気づきにくいことを、家族でもない他人が指摘するかどうかは気を遣う難しい問題だと思います。特に、体臭や口臭のように、本人に悪意がなく、体質的なものである可能性を含む内容を伝えるには細心の注意が必要です。とは言え、お客様のところにそのまま行かせるのはマズいレベルの人もたまにいたりして……、いっそ別室に呼んで「君、クサいよ」

とストレートに言えればスッキリするのにと思っている方も多いと思います。

私は、そこに労力を割くより、気にしなければいいか、我慢すればいいか、などと考えてしまいます。しかし、実は、私たちのそうした**無意識の嫌悪感は、表情や相手との距離などによって結構伝わっている**ものです。

相手も、理由はわからないけれど、自分のことを嫌っているな、距離を置いてくる人だなということはうっすら感じ取っていたりします。その違和感が積み重なると組織の雰囲気が悪くなっていろいろな弊害も起きていきます。

たまに喫茶店などで驚くほど大きな声で話す、自分の声のボリュームに無自覚で調整できない方を見かけます。同席している人が「もう少し声を落とそうよ」と言ってあげないと、この方は他でも同じように白い目で見られてしまいます。

声のボリュームくらいならまだしも、本人が自覚しても努力だけではどうしようもない、生まれ持った体質的な事情については注意しても改善しにくいもので、根本的な解決策にはならないことを承知のうえで、**組織のメンバーの協力のもと、一緒に模索していくのはどうでしょうか**、というのが私の回答です。

マスクの習慣が定着してからは、口臭の問題は少し和らぎましたが、いつもスーツの肩がフケだらけとか、夏場に汗をかくと体臭がキツい人など、本人がわかっていてもすぐに解消できないことへの対策としては、たとえば夏場にデオドランドシートを買ってきて、「営業部全員、出かける時と帰ってきた時このシートで拭くように」というルールにしてしまうのはどうでしょう。

臭う人だけを狙い撃ちにするのではなく、マナーや身だしなみの点検・予防をルール化・習慣化すれば角が立ちません。私の上司が昔、面白い対策をしたことがあります。部内に口臭が強い人がいたのですが、昼食に、「おい、みんな、オレのおごりだ。ギョーザを食べに行こう」とみんなでぞろぞろ出かけるのです。

食べ終えたところで「ちょっとこれ、ブレスケアのんでから戻ろう」とか、「マウスウォッシュ買ってきて」と、皆で揃ってニオイ対策をしてから戻るのです。そのうち、普通の食事をした後にも「念のためにのんでおくか」と、臭う人もそうでない人も一緒に口臭ケアをする習慣ができていきました。

本人の努力に任せるだけではなく、また攻撃するでもなく、**みんなで問題を共有してお客様を不快にしないような組織づくりに向けて協力してもらう**ことがポイントです。

他にも、その上司は、エチケットブラシを常備してみんなでスーツのホコリ対策だと言いながら、フケも一緒に落としたりしたのも、さりげなくうまいやり方だったと思います。

Question
質問36

部下の嘘を見抜いて本音を聞き出したいのですがどうしたらよいですか？

Answer 結論

部下の嘘を見抜くことはデメリットだらけなのでやめたほうがいいです。

人は心ないお世辞を言ったり、傷つけないための嘘を言ったりします。上司であるあなたも、部下に都合の悪い情報を隠したり嘘をついたりすることはあると思います。一方で、部下も怒られたくないとか保身のために、上司に嘘を言う場合もあるでしょう。嘘がない世界はきっとギスギスして息苦しいのだと思います。

人は進化の過程で嘘をつく能力を放棄することなく生存してきました。もし、人間から嘘を取り上げてしまったら、コミュニティは崩壊し、人類の発展はなかったでしょう。

とはいえ、上司からすると、自分に嘘をつく部下を信頼することができないのも理解できます。基本的には性善説による対応が前提になりますが、営業から帰ってきた部下の報告を聞いていると、「ああ、これは嘘をついてるな」と何となくわかってしまうことはないでしょうか。それはおそらく、自分も過去にサボって同じような報告をした経験があり、感覚的に報告の曖昧さや矛盾に気がつくからです。だからといって「お前、嘘つくんじゃないよ。サボってただろ！」と咎めたところで、部下が潔く嘘を認め、その後、嘘をつかない真っ白な部下になることはありません。

上司が嘘を咎めても、部下はまず保身から「サボってなんかいませんよ」と否定するでしょう。次に意固地になり、やる気をなくし、最後にはもう、あなたとは必要最低限の会話しかしなくなります。

世の中には、嘘を見抜くセミナーがあったり、ビジネス書でも、心理学的に嘘を見抜く方法とかＦＢＩ捜査官が教える相手の嘘を見抜く秘密のような本を見かけます。コンテンツとしては面白いと思いますが、捜査官や警察官などの、職務上、人の嘘を見抜く必要があり、権力的に真実を言わせるまで追い詰めることができる人向けだと思います。嘘を見抜くスキルに効果がないというより、**現実的に、同じ職場で働く仲間に対して使うにはリスクが高い**ということです。

上司が常に部下の嘘に目を光らせていると職場のストレス値が上がります。さらには、部下を追及するほど、部下の嘘をつく能力を向上させてしまうというデメリットも生じますから、上司は嘘を見抜くことに労力を割くよりも、部下に対して正直に会社の内情や現状の話をするなど腹を割った会話の習慣をつくることが先なのです。

ふだんから上司が自己開示し、時には部下の嘘も許し、部下に相談をすることで「この人には嘘をついてはいけない」という信頼関係が生まれます。

大切なことは、**嘘を見抜くことではなく、嘘をつかれない上司になること**です。

部下の嘘を見抜こうとしたり、部下の嘘を止めさせようとコントロールする労力と、部下が自発的に本音を話してくれる関係性を築く労力とでは、どちらのほうが長期的・戦略的に得策でしょうか。

部下が会社で見せる顔とプライベートの顔が同じわけはありませんし、すべて嘘偽りなく話すことがよいわけではありません。大人の社会でオブラートに包むべき話がストレートになれば、むしろ人間関係のリスクは高まります。ある程度、本音を隠して生きることは生存戦略上必要なのです。

私たちは、社会的に成熟すればするほど、本音と建前を使い分けることを覚えますし、自分に危険が及んだときは、まず自分を守ることを最優先に嘘をつきます。

嘘の防止には、見抜くことより部下を助け、親切にしたり面倒見てあげたりすることのほうがはるかに効果的です。

ここまでをまとめますと、

①日頃から安心して自由に意見を言える職場づくりを心掛ける

②上司からの腹を割った情報提供（自己開示）

③部下への許し・相談などお互いの信頼関係を築く努力

この3つに取り組み、それでも部下が嘘をついたときは、怒るのではなく、

「嘘をつかなければならないほど追い詰められていたんだな」

「信頼されていなかったのは残念だった」

というメッセージを伝えてあげてください。

Question
質問37

注意するとすぐに泣いてしまう部下への対応方法とは？

Answer 結論

涙への対処を考えるよりも、理解を深めましょう。

怒っている部下、不機嫌な部下、泣いている部下のうち、あなたが一番対処に困るのはどの状況ですか？　おそらく「泣いている部下」を挙げる方が多いのではないでしょうか。

なぜかというと、仕事で怒ったり不機嫌になることはあっても**仕事で泣くことがあなたの価値観にないからです。**現在の管理職の多くはまだまだ、「仕事で泣くのはおかしい」「みっともない」という教えを受けてきた世代です。また、日本人の文化や習慣的にも、涙を人前で見せるのはお葬式くらいで、基本的に、自分でひっそりと処理するべきと捉えられてきたこともあると思います。

私も昔、部下が泣き出して「仕事なんだから泣くなよ～」とあわててなだめたことがありました。しかし、部下の涙は一向に止まらず、困った私はそそくさと部屋を出て本人が落ち着くのを待ちながら、「この場面、誰かに見られたら俺が泣かせたみたいじゃないか」「ハラスメントとか言わないでよ……」と保身感情が湧いた記憶があります。

人はなぜ泣くのでしょうか。悲しいという感情が人間の進化の過程で淘汰されずに残されたということは、涙も生存戦略の一種でもあるのだと思います。

涙の基本的な機能には、次の3つがあります。

①目を潤す作用
②目に入った異物を押し流す作用
③興奮を収める作用

まさか叱った時の涙を見て目にゴミが入ったと思う人はいないでしょう。泣くことには、たかぶった気持ちを落ち着かせてメンタルを正常に戻す役割があります。結論としては、涙が出るのなら泣かせてあげたほうがいいということになります。

泣いている本人もなぜ涙が出てくるのか自分でもわからなかったりするものです。そんなときは**こちらも落ち着いて、泣き止むまで待ってあげればよい**のです。

さらに涙には、自分を攻撃する相手（たとえば上司）に対して、庇護欲を湧かせたり、攻撃心を緩めさせたりするなどの機能もあるといいますから、やはり泣くことは生物としての危機対応なのかもしれません。

泣いた後にスッキリするのは、涙の中にストレスホルモンが含まれているからです。

最近は、「涙活《るいかつ》」といって、泣くことで日頃のストレスを解消しようという活動もあるくらいです。我慢せずに泣くことは、心のデトックスを促して健全なメンタルを維持するために必要だ、くらいに考えてみましょう。

ところで、**HSP（ハイリー・センシティブ・パーソン）**という言葉を聞いたことがあるでしょうか？　HSPは、アメリカの心理学者、エレイン・アーロン博士が提唱した概念です。博士は、人種や性別・年齢などに関係なく、どの国にも一定の割合で「生まれつきとても敏感な人」がいることを研究によってつきとめました。

HSPの人は日頃から些細なことで疲れてしまったり、人の感情に同調して巻き込まれることで苦しい思いをしたり、頼まれごとを断れずにストレスを溜めたり、自信がなく、ミスなどをすると自分を責めやすいといった特徴があるようです。

HSPは、メンタルを鍛えれば治るといったものではありません。先天的な特性を知り、メリットにも目を向けてみましょう。

次の4つの特徴すべてに当てはまるとHSPの可能性が高いと言われています。

①丁寧で、深い情報処理を行う
②音や光などの刺激に過剰反応しやすい
③感情の反応が強く、共感力が高い

④些細な刺激にも反応する

部下がＨＳＰかどうか上司が先入観で決めつけることはいけませんが、涙もろい人は、ひょっとすると刺激を深く感じたり、他人の感情を洞察し深く共感したり、感受性が強く、職場の雰囲気や人間関係の空気を深く読み取る能力に長けたＨＳＰの特性を持っているのかもしれません。

また、ＨＳＰの傾向が高い人は、感情の処理に時間がかかると同時に、他人の感情や心の動きに敏感です。あなたがオロオロしている姿を見せてしまうと、罪悪感を感じさせてしまうかもしれないことも覚えておきましょう。

部下の涙への対処よりも、**自分と違う価値観や特性を持った人への理解を深め、人生に生きづらさを感じている部下への環境支援を進めていくこと**が、オープンタスク時代の上司には求められます。

Question

質問38

職場の雰囲気が悪いのですがどうしたら良くなりますか？

Answer
結論

あなたも職場の雰囲気をつくっている一員です。

この世の中に職場はたくさんありますが、「常に」雰囲気が良い職場などはめったに存在するものではありません。なぜなら、人が集まれば必ず価値観の違いやバイアスによる人間関係のリスクが生まれるからです。

人のメンタルは、他人や環境の影響を受けやすいので、職場の雰囲気が日々上下することは避けられません。**裏を返せば、私たちは職場の雰囲気に悪いだけでなく良い影響も与えることができる**ということでもあります。

もし、職場の雰囲気が常に悪いと感じているのであれば、上司であるあなたもその雰囲気づくりに一役買っているということを自覚しておかなければなりません。

「いや、うちはいつでも雰囲気が良いよ」と言い切れる人は、よほどの幸運に恵まれているか、組織の陰の部分に気づいていないか、部下が相当な努力をしているかのいずれかだと思います。特に、**上司やトップに立つ人の機嫌は組織の空気に強く影響します**から、周囲はそれを敏感に察知して距離を置いたり、自分も機嫌に左右されたり、空気を読んで笑顔を控えたり、陰口を言い合ったり……と、そういった無意識の態度の積み重ねによって組織の雰囲気ができ上がっていきます。

職場でケンカが始まったとします。仲裁もせず静観する人、ケンカの当事者から相手の悪口を吹き込まれて共感する人、無関心な人、つられて不機嫌になる人……、この人たちも立派な共犯です。

雰囲気が悪い組織とは、組織の全員が誰かの機嫌に忖度して、自分も自主的にその雰囲気に染まろうとしている（もしくは抜け出そうとしない）人の集まりです。特に、負の感情は、ウイルスのように増殖し感染拡大を続けます。誰かが機嫌を悪くしたとき、

「みんなが心配するから不機嫌な顔はやめよう」
「いくら相手が嫌いとはいえ、大事な仕事を放置するのはまずいよ」
「上司の機嫌が良いときをうかがって仕事するなんて時間がもったいない」
「私には他人の悪口を耳に入れないでちょうだい」

と言えるようになりたいものです。

ＳＮＳなどを見ればおわかりのとおり、悪意の伝染力というのは強力です。無名の人の書

込みでも、それをインフルエンサーが面白半分に拡散することでどんどん拡大して炎上したり、誰かが誰かを叩いているのを見て「自分も叩いていいんだ」と勘違いする人を生み出している例はいくらでもあります。そんな状況を見ると、**組織内での悪意やギスギスの拡散は阻止しなければならない**と強く感じます。

組織の雰囲気の良し悪しは、オフィスの広さにも関係があると言われています。

雰囲気が良い組織は、机の間に余裕があったり、適温だったり明るい日差しが入り込む窓や観葉植物などの緑が多かったりします。反面、窓が少なく光は入らず、年季の入った照明も薄暗く、換気も悪い部屋で、そのうえ長年人事異動による人の入替りがなく、新人も入って来ないという職場では、ご想像のとおり、心がささくれ立つ傾向が高いそうです。

職場の雰囲気が悪いことを周りのせいにせず、あなた自身が、少なくとも半径5メートル以内の人に対してはいつもご機嫌な態度でいることが大切です。

職場で上の立場の人間が怖い顔で座っていることも問題ですが、むしろ、上司にとって耳の痛い意見を部下が具申できない、上に忖度するような文化習慣が根付いた組織風土があるならばそちらのほうが問題です。そんな職場で長年過ごすと、感覚が麻痺して思考停止に陥ってしまいます。

上司がすべきことは、**他人を変えようとするのではなく、自分ができることをして、**

機嫌のアップダウンで他人を動かそうとする愚に気づき、組織の環境美化に努めること、そして互いに言うべき意見はきちんと言うというルールをあなたから下の代に共有し、それを継続していくことだと思います。

Q
uestion
質問39

他人の面倒ばかり見て自分のことがおろそかになっている部下への指導方法とは?

A
nswer
結論

他人の面倒を見ると能力が上がります。

「人のことより、まず自分のことが先だろう」

これは昔、私が後輩の面倒を見ていて、自分の仕事が遅れてしまいパニック気味で残業している時に上司に言われた言葉です。確かに自分の仕事の遅れのせいで組織に迷惑をかけたので、そのときの上司の気持ちもわかるのですが、私にも、

「後輩が辞めたり、彼の仕事が遅れるほうが後で大変なことになるんだよなあ……」

という言い分がありました。また私は後輩の面倒を見ることが嫌いではなかったので、そのこと自体は苦ではありませんでした。

人に何かを教えることは、時間が取られるデメリットはありますが、学びや成長を得られるメリットがあります。

そもそも組織とは、自分ではできないことを仲間の力で助けてもらったり、人との付き合

いの中で成果を出したりするところですから、「自分のために他人の面倒を見るな」という考えは持つべきではありません。

また、人の面倒を見ると相手に説明した内容を自分の耳でも聞き直す「**自己説明効果**」と呼ばれる、理解力の向上が起きます。過去の研究においても、自己説明効果は、他の方法と比べても学習効果が高いことが明らかになっています

この研究は、カナダのサイモンフレーザー大学のキラン・ビスラー研究チームが行ったものです。この発見の最も大きな意義は、**「自己説明」という方法があらゆる学習分野に転用可能である**点です。自己説明のためには、内容を言語化して、自分の理解を深める必要があります。ということは、部下育成において応用するなら、上司が一方的に説明するより、部下に自分の言葉で説明させたほうが学習効果が高まるということです。

私はYouTubeで動画配信をしていますが、カメラに向かって自分の考えを言語化することは、研修講師としてとても良いトレーニングになっています。

自己説明効果は、たとえ相手がいない場合でも、自分自身に対して説明するだけで記憶力や理解力を上げてくれます。

自己説明効果の面白いところは、**説明の効果には、必ずしも自発性を必要としない**ことです。つまり、他人から「あなたの言葉で説明しなさい」と強制された場合でも、自己説

明の学習効果は維持されるので、強制されるかどうかは学習効果に関係ないということです。

自己説明は、情報があふれかえる現代社会で、何となくわかったつもりで実は理解していなかったことを発見したり、「何がわからないかもわかりません」と言ってきたりする今どき部下への教育にも効果的です。

部下との日頃の対話の中で、あらためて「その事柄について説明してみて」「この言葉はどういう意味で使っているの？」と聞いてみてください。最初はうまくいかなくても、1日3分～5分の対話を習慣化していけば必ず効果が上がっていきます。

ともあれ、自分の**時間を削ってでも後輩の面倒を見ようとする部下は、中長期的に能力が伸びていく**もので、非常に得がたい存在ですから、主体的な貢献の姿勢はむしろほめてあげてください。

ただし、同じ後輩の面倒を見ている部下でも、当人のメンタルの状態には注意が必要です。たとえば自分の仕事が滞っている中、イヤイヤ他人の面倒を見ていたり、後輩に厳しく当たっていたりするような部下には、上司が仕事をコントロールするなどの介入が必要になります。

部下というものは、上司から見れば仕事のやりくりや優先順位付けが甘いところはあるかもしれません。しかし、多少の作業の遅れがあっても後輩の面倒を見るのが楽しいという人材なら、必ず時間につれて意欲と能力が向上していくと信じてあげてください。

Question

質問40

年上の部下や異性の部下とのコミュニケーションのコツとは？

Answer 結論

年上でも年下でも異性でも「力を貸してほしい」「教えてください」という姿勢で臨むことです。

今、メンバーシップ型の働き方からジョブ型に移行する企業が増えていますから、若くても自ら企画を立て成績を上げるなど、自分で自分の能力を伸ばしていける人と、そうでない人との格差が表面化しつつあります。

主体性を持って仕事をする人材は会社も手放したくないので、若くても重要なポジションについていくでしょう。しかし、単に毎日を成長も変化もなく過ごしている人や、ただ歳を重ねてきただけの人は給料が頭打ち、もしくは減っていくという時代になりました。この傾向はこれからもさらに加速していくと思います。

年功序列型ピラミッドの崩壊とともに「年下上司」や「年上部下」は当たり前になってきていますし、男性が多かった企業にも女性の割合が増えています。そんな中、これまで年齢も職位も上司が上の時には可能であった指導が、年齢が逆転したり、性別が変わっただけで難しくなるのであれば、これまであなたがやっていた権力だけで人を動かすマネジメントや異性へのバイアスを修正するタイミングに来ているのだと思います。

今や、部下世代にも転職など人生の選択肢が広がり、また若年世代の労働人口も減少するにつれ人的資源は年々減っています。さらにハラスメントのリスクとともに上司の権力も発動しづらい時代、従来の権力型の「いいからやれよ！　仕事なんだから」的な指示の出し方は、年上部下の出現によって変える必要が出てきました。

これまでの、部下が会社を辞めない環境と上下関係という絶対的なルールを前提に動いてきた職場が変わるとしたら、これからの上司には何ができるでしょうか。

今後重視されるのは、年齢の上下や職位の高低、あるいは同性か異性かにかかわらず、**相手を「人」として尊重し接する常識的な態度に立ち返る**ことなのです。

具体的には、相手を職場の一員として尊重したうえで、

「やりにくいかとは思いますが力を貸してください」

「社歴が長い先輩としてのご意見もよろしくお願いします」

と協力を仰がれることはいかがでしょうか。

もちろん年下の部下に対しても同じように、

「あなたの力を貸してほしいです」

「気がついたことは遠慮なく意見を言ってください」

と言えることが大切です。

上司が正解を持たない変化の時代（オープンタスク）は、メンバー全員の知恵と経験を持ち寄って仮説と実践と修正をしていかなければ、たやすく袋小路にハマります。

これからの上司は、自分の下に来られたメンバーが、これまでどんな経験をしてきて、どんなアイデアや能力を持っているのか、どんな考え方を持って人生を歩んでいるのか、**一人ひとりに興味を持ち、自分の考えや方針も共有していくこと**だと思います。

Question
質問41

発達障害だと思われる部下がいます。どのように対応したらよいですか？

A nswer 結論

企業・上司ともにコンプライアンスやハラスメントと同様に勉強をしていかないといけない問題です。

少し前の新聞記事で、教師が懲戒処分を受けたという報道がありました。ある小学校で、言うことを聞かずに変わった言動をする生徒を教師が発達障害と決めつけ、授業中に不適切な発言を繰り返したという内容でした。

今後、職場でも似たような問題は増えていくことが懸念されます。

2004年に制定された（2016年一部改正）、発達障害者支援法という法律があります。それによると発達障害の定義は、

「自閉症アスペルガー症候群、その他の広汎性発達障害、学習障害、注意欠陥多動性障害、その他これに類する脳機能の障害であってその症状が通常低年齢において発現するものとして政令で定めるもの」とされています。

もう少しわかりやすく書くと、発達障害とは、

「**先天性の一部の（軽度の）脳機能の障害**」のことです。従来、発達障害は、家庭での教育や育児環境などが原因の後天的な心の病気と言われていました。しかし、今では研究が進み、発達障害は先天的な脳の損傷（スキャンでもわからないレベル）による特性であることが判明しています。ただ、**発達障害は生まれながらのものであって病気ではありませんので、治癒を目指すのではなく職場での対応を考えていくものです。**これまでは、幼少期に特性が現れることが多いとされてきましたが、最近では「**大人の発達障害**」が注目されています。

子どもの頃と違い、社会人になると守るべき有形無形のルールが増えます。そのため、学生時代は「ちょっと変わった奴」程度に見られた人が、会社で仕事がうまくこなせなかったり、人間関係の悩みを抱えたり、インターネットにも関連情報が増えてきたこともあって、もしかしたら自分は発達障害ではないか？　と気づく人が出てきました。

仕事で同じミスを繰り返す人が「やる気がない」「能力が低い」などと決めつけられたり、「会社で浮いている」「空気が読めない」と言われる人が職場で孤立したりするなど、周囲の理解がないまま苦しむ例があります。そんな状態が長期化するとストレスが高まり、自己肯定感を喪失し、うつ病やパニック障害などを発症するケースもあります。

もし、失敗の繰り返しや人間関係のつまずきが多くて生きづらさを感じていたり、「自分は他の人と何か違うのかも」「自分は発達障害かもしれない」と悩んでいるなら、身近な専門相談窓口や医療機関に相談してみることも大切です。

ここで上司が気をつけるべきは、「お前、一度診断を受けてこい」というひと言を絶対に言ってはならないことです。あくまでも本人の自覚と判断による受診が必要です。

大人の発達障害は、女性より男性の割合が高いことがわかっています。人口中の割合はさまざまなデータがあり、ここでは扱いませんが、私たちも社会生活を営むうえで問題が表面化していないだけで、何らかの形で発達障害を持っているのかもしれないと考えられます。

私自身も軽度の発達障害の傾向で悩むことがある一人です。たとえば、研修講師なのに興味のないことはなかなか覚えられません。また、ペンや充電器などをなくしたり置き忘れたりすることもしょっちゅうです。経費精算の書類の数字の間違いが多く、特にマスク生活が定着してからは人の顔が本当に記憶に残らなくなっています。

これらは治そうと思って治せるものではありませんので、〝仕組み〟でカバーするしかありません。注意してもペンをなくすなら、どの鞄にもスーツにも、仕事用の机にもリビングにもペンを備えておけば困ることは少なくなります。事務仕事のミスはスタッフの指摘に助けられていますし、顔が覚えられない対処法としては、スマホに名刺の写真と一緒に、特徴や誰かに似ているなどの情報をメモしておき、次にお会いした時に名札を確認したり、担当者にこっそりお名前を聞くなどで何とかしのいでいます。

「発達障害＝ダメ」と断じるのではなく、組織の常識や価値観が当てはまらずに、**業務遂行上困ったことが起きているかどうかで対応が必要か否かを判断します**。もし、困ったことが起きているなら、実際にどんな問題が起きているかを把握して、必要に応じて職場の環境を整備したり、仲間内でカバーしたり、仕組みを整えて対応することが大切です。

たとえば、上司の曖昧な指示ではミスが多い人でも、きちんとしたマニュアルがあればミスを減らせることがあります。職場の暗黙のルールや、部下が察する力で何とかこなしていた要注意案件も、明文化、共有化することでリスクを減らすことができます。

1つの仕事に非常にこだわりを持って集中してしまうあまり、周りの声かけが耳に入らない人などもいます。「○○さん、お電話です」と声をかけても反応しない場合でも「あの人は呼びかけを無視する」ではなく、「ああ、集中しちゃってるな」と周りがわかっていれば、臨機応変に「折り返しお電話させます」と答えるなど、周りの協力でその場をカバーすることができます。

もし発達障害ではないかと思われる部下がいたら、まずは、

①指示の出し方を口頭だけでなく文章にするなど工夫する

②締切りに余裕がある仕事を振る

③繰り返し指示したり、理解しているかをその都度確認する

などの対策からはじめます。できないことを叱ったり、発達障害（かもしれない）だからと疎外するのではなく、できる仕事を少しずつ増やしていく工夫をして、職場にうまく定着するような支援が大切です。

Column
コラム 4

発達障害（ASD、ADHD）への理解と対処

発達障害に関する具体的な特徴と対処法等について、もう少し上司の皆さんに知っていただこうと思います。

一般的に、発達障害の人は次の3つの**「困難」**を抱えているとされています。

①社会性の難しさ

……人との社会的な相互関係を築くことが苦手

②コミュニケーションの難しさ

……他者とのことば等のやり取り（理解と表出）の難しさ

③興味・関心の狭さ、偏り（イマジネーションの難しさ）

……興味の幅の狭さ、こだわりの強さ

また、次のような特徴やかかわり方の工夫を知っておきましょう。

■広汎性発達障害（ASD：自閉スペクトラム症）の特徴

・漠然とした空間、時間の把握が苦手
・金銭感覚がおおざっぱな／異常に厳しい
・自分の気持ちの調整が難しい
・将来のことがイメージしにくい

・決断しにくい（オープンな質問が苦手）
・順序立てて物事を進めることが苦手
・一度に複数のことを行うことが苦手

〈対処法〉

○パニックには冷静に対応し落ち着ける環境をつくる
○具体的かつシンプルな言葉で、視覚的にわかる伝え方をする
○活動の区切りを明確にする
○本人が持っている興味関心を取り込む
○人との関わり方を言語化して教える

■注意欠陥・多動性障害（ADHD）の特徴

―忘れっぽく集中できない（不注意）
・注意の持続ができない
・うわの空でぼんやりしてしまう
・1つずつのプログラムがきちんと終わらない
・忘れ物、なくし物が多い

―じっとしていられない、手足をそわそわ動かす
・しゃべり続けてしまう、相手の応答を待てない

―考える前に行動してしまう
・順番を待ったり、我慢することが苦手

・思ったらすぐ行動に移してしまう

■**かかわる時の工夫**

―**注意力への配慮**

○刺激を少なくする

○用意するものは一緒に確認をする

○スモールステップでまずはできることから行う

―**多動性への配慮**

○動いてOKの時間を設ける

○体を動かせる仕事を設定する

―**衝動性への配慮**

○おおらかな気持ちであせらずに

○思い出し、気づかせる言葉がけを

○待つことの大切さを教える

―**不安定な情緒面への配慮**

○注意するときは1対1で行う

○成功体験を増やす

（参考）厚生労働省２０１９年就労準備支援事業従事者養成研修資料
https://www.mhlw.go.jp/content/12000000/000633453.pdf

Q
uestion
質問42

上司は嫌われ役なので仕方がないと思いますが、それでも部下に嫌われない叱り方はありますか？

A
nswer
結論

まずは「上司は嫌われ役」という考え方をあらためることです。

「上司は嫌われ役」という考えを持つ方は今でも多いようですが、会社が「嫌われ役」という役割を上司に割り振っていることはありません。

しかし、管理職時代の私も同じように考えていた一人です。昔、初めて上司の立場になる時に、先輩上司から「いいか、上司は嫌われてでも言うべき時はしっかり言うことが大切だぞ。そうしないと部下に舐められるからな」というありがたい教訓を授けられました。

それを真に受けた私は、部員の上に君臨しようと細かいミスをほじくり出し、できていないところを抜かりなく見つけ、みんなの前で怒鳴りつけて部下たちの行動を変えていく指導スタイルを作り上げてしまいました。そして当初の計画どおり、みごとに嫌われる上司になりました。それでも、自分は上司という役だから嫌われているだけという思い込みによって自分自身を変えようとは思いませんでした。

今思い返すと、「嫌われ役」というのは、自分が部下から嫌われている現実を「役割のせい」だと思い込むことで自分自身の心の傷をできる限り浅くしようとしていたことがわかります。

世の中には、部下を叱っても嫌われない上司はたくさんいますし、仮に嫌われても、その後の関係を修復すればよいだけなのに、そこにひと手間をかけないのは単に上司の怠慢だと思います。

もし、あなたが職場で孤立していると感じたり、部下が自分の思うとおり動いてくれないと感じるときは、自分は役ではなく、人として嫌われているのかもしれない、自分から動いてこの状況を修復しなければならない、と考えてください。

話を戻して、「叱り方」ですが、そもそも「叱る」という行為は**「相手の望ましくない行動を変えるための対話」**のことであって、上司が感情に任せて叱責することではありません。

私の研修で、「どんな時に上司を嫌いになりますか？」と若手に聞くと、第1位は「理不尽なことを言われたとき」だそうです。次に「自分は働かないのに偉そうなとき」、そして「言うこととやっていることが逆のとき」などが続きます。

上手な叱り方についての質問は管理職の皆さんからたくさんいただきます。部下に嫌われない、部下の成長や行動を修正する方法はあるのでしょうか。
それは、叱るときに、次の9つのポイントを取り入れることです。

①目的を言う
②先に承認する
③事実を言う
④周りへの影響を言う
⑤反論させる
⑥本当はどうしたかったのかを聞く
⑦この後の行動を聞く
⑧上司としてフォローできることはないかを聞く
⑨期待を伝える

この9つを、対話の例で見てみましょう。
叱る相手を別室に呼んだら、最初に「目的」を伝えます。
上司「君を呼んだのは、君に直してほしい行動があるからなんだ」**(目的)**
次に、日頃の行動を認めていることを伝えます。人はいきなり叱られると心を閉ざしたり反発に向かいます。先にこちらから「承認」することで、相手はその後の耳の痛い情報を受け止めやすくなります。

上司「……その前に、君はふだんとてもよくやってくれているよ。後輩の面倒もよく見てくれるし、成果にもつながっている。本当に感謝している」**（先に承認する）**

次は「事実を言う」ですが、上司からの一方的な正誤の判断は避け、あくまでも何が起きていたのか、客観的な事実の伝達に留めましょう。

上司「さっきのあなたの態度だけど、2年目の○○さんに大声で怒鳴っていたよね」**（事実）**

事実だけでは納得しない人には、周りにどんな影響があったかも伝えます。

上司「隣の部署の女性たちが怖がっていたよ」**（周りへの影響）**

次に、ここが大切なところです。必ず本人の言い分を反論させてください。「言い訳するんじゃない！」とシャットアウトしてしまうのは悪手です。

上司「何があったのかな？」**（反論させる）**

部下「それはですね。○○君に、今日お客様に持参する資料の作成を先週に頼んでおいたんですけど、今朝聞くとできていないと言い出したんです。それで、カッときてつい怒鳴ってしまって……」

上司「そうか。本当はどうしたかった？」**（本当はどうしたかったのかを聞く）**

部下「大声を出したのは確かにマズかったと思いますし、もっと早く○○君に、資料はできてる？　と聞いておけばよかったと思います」
上司「うん。△△君は、この面談の後、どうする？」**（行動を聞く）**
部下「はい、まず周りの方にお詫びします。大きな声を出してすみませんでしたって。〇〇には……ちょっとまだ怒りがおさまらないので、すぐには対応できないかもです……」
上司「私にできることはあるかな？」**（上司としてのフォローを聞く）**
部下「そうですね。〇〇君のフォローをお願いします。私は資料を最後まで仕上げてお客様のところに行ってから、夕方〇〇君と話をします」
上司「わかった。そうしよう。引き続き頼むよ」**（期待を伝える）**
部下「はい」

このような流れです。

これを読んで、読者の皆さんの中にはおそらく「そんな優秀な部下はいない」「そんな綺麗ごとではない」と感じる方もいると思います。

大切なことは、部下に、自分がやってしまったよろしくない行動と早めに向き合わせる機会をつくることです。

そして、9つのポイントのうち1つでも自分に取り入れられることは何か？　ということも考えてみてください。たとえば、今まで先に叱っていたから、先に承認をしてみようかなとか、言い訳はさせてなかったなとか、自分にできることはある？　と聞いたことなどなかったな、など上司として対応できる引出しを増やしていただくだけでも、部下との関係性は変わってくるはずです。

もともと上司は嫌われ役だと思っているくらいでしたら、きっと今より悪くなることはないと思います。

第5章

価値観の壁

――世代ギャップと認知ギャップの乗り越え方

Question
質問43

営業を嫌がる部下への指導方法とは?

Answer
結論

営業を好きにさせようとしないことです。

「営業だけは絶対にやりたくありません!」などと言う若手を見ると、イラッときますよね。

「まずはやってから言ってくれよ」

「自分たちは我慢してやってきたのに」

「じゃあ、なんでウチに入社したんだよ……」

そんな思いが頭をよぎります。しかし、そんな部下を一挙に営業好きにさせようとしても難しいです。なぜなら、そう思っている上司の皆さんも、営業に対してあまりプラスのイメージを持っていないでしょうから。

私も前職のキャリアでは営業現場に置かれることが多かったです。

当時、特に何かのスキルに秀でているわけでも特殊技能や高難度の資格を持っているわけでもなかった私にできることはまあ営業だろうな……と考えていました。とはいえ、営業は好きか？　と聞かれたなら「別に……」「できればやりたくない」と答えていたと思います。

皆さんも、営業とは理不尽に耐え、叱責を我慢し、拒絶を乗り越えて数字で判断されるシビアで厳しい世界だと思い込んでいませんでしょうか。そんな上司が、鬼の形相で数字を詰めながら、「営業はいいぞ！」と言ったところでまったく説得力がありません。

営業の良さを説明しようと、上司が「外に行ったら自由だぞ」「数字さえあげればサボってもいいんだから頑張れ」とか「数字の達成感は気持ちいいぞ」「お客様に喜ばれる仕事だ」といろいろ並べたところで、営業嫌いの本質はそこにはありませんので、部下の営業嫌いが治ることはありません。

思えば私も営業を経験したからこそ、今の仕事や人生の支えとなる出会いに恵まれました。好きか嫌いかを抜きにしても、営業は人生で絶対に一度は経験しておいたほうがよい仕事です。特に、「**自分に何もないという人は営業を経験しなさい**」と、声を大にして伝えたいところです。

これからの時代、ＡＩの進化とともに、下ごしらえ的な、あまり頭を使わずにこなせる作業は淘汰されていくでしょう。専門的技術やＩＴ、ＤＸなど新しいジャンルのスキルを持たない普通の人は、何かしらの営業（人を動かして収益を上げる）に関わる仕事をしていくしかないのだと思います。

若手向けの営業研修では、外回りへの抵抗感やお客様との会話そのものへのマイナスイメージは意外に少ないのですが、「何を話せばよいかわからない」「雑談で終わって本題に入れない」「断られるとへこむ」など、商談スキル的なお悩みを多くの方からお聞きします。

さらに、営業のどこが嫌いかを聞くと、「締切りや目標へのプレッシャー」「上司からの厳しい詰め」「高すぎる目標」「飛込み訪問の強制」「上司に相談しても数字にしか興味がない」「同行してくれない」等々の要因が挙がります。

固定給の職層で営業がやりたくて入社したわけではない若手に対しては、営業へのモチベーションを考える前に「不満が生まれる要因を極力排除する」こと、そして「具体的な営業プロセスの言語化」をしていくことが先だと思います。

上司は、「営業を好きになれ！」と押し付けるのではなく、まずは営業の仕事のプロセスを細分化して、本人の「できること・できないこと」「得意・不得意」をきちんと見つけてあげましょう。

営業活動の柱は、常に行き先を確保すること、つまり「**見込み客を創り続ける**」ことです。

部下に商品知識と数値目標を伝えて「行ってこい！」ではなく、その日の訪問先が決まっていて、何をするのか、何を聞くのか、何を喋るのか、フォローはどうするのか、など具体的イメージが想像できれば、とりあえず外に出て行けます。実際、行き先が決まっているルート営業のほうが新規開拓の営業よりも忌避感が少ないと思います。

そもそも営業とは、お客様と信頼関係を結び、お客様の困りごとの解決手段を提案したり、お客様の心を動かして決断を促したりする行為です。

したがって、営業ができませんという人は「私は他人と人間関係を築くことができません」「私は人から信頼されない人間です」と宣言しているのと同じことになります。その本質が若手には届いていないと感じます。

若手が営業を嫌がる3大要因である「締切り・目標・上司」は、営業活動そのものではありませんので、それらの要因で本来の活動に影響が出るのであれば、上司側が考えを変えなければいけないと思います。

「締切り」は、マラソンで言えばゴールに当たる目標地点です。

あなたは締切りから逆算して毎日どのくらい活動していけば目標にたどり着くかを明確に指示できるでしょうか。上司が締切り日に確認すべきことは、でき上がりの数字の他に「**どれだけ翌月以降の見込み客をつくることができたかの振返り**」です。締切りを心穏やかに迎えられない人は、きっと途中で見込み客作りをサボってしまった人です。毎日しっかりと訪問やアポイント取りの活動をしていれば必ず見込み客はできます。仮に目標数字が未達でも「今月は間に合わなかったけど来月の見込みはできているから次の楽しみがある」と思うことができます。

「目標」は、達成するかしないかの二択ではありません。目標には「**目標達成までのプロセスの質と量を確認するための指標**」という意味合いもあるのです。

部下が数字を達成できなかったときは、プロセスを修正して翌月に向かわせないといけません。仮に10の目標に対して10のプロセスが必要な部下であれば、15の目標には15のプロセスが必要となります。そこを指導せずに毎月同じような活動をしているのであれば、目標が変わった時に対応できなくなります。

「上司」が部下の営業活動に対する不満要因になっているとしたら、抽象的な精神論や根性論を朝礼で語るだけではなく、ふだんの対話の中で、**上司が営業活動に役立つ〝具体的〟なスキルや、お客様のところで役立つ雑談ネタや情報を提供する**ことができているか、また締切り日には部下の労をねぎらって翌月に向かわせる指導ができているかを振り返ってみてください。

上司や先輩が明るくイキイキと仕事をしておらず、怒鳴り声だけが響いて、若手が未来への希望をなくすような職場では、そうした文化や習慣を変えていくことが大切なことだと思います。

Question
質問44

仕事に興味を持たない部下への指導方法とは？

Answer 結論

仕事への興味ではなく仕事を通じて手に入る成長やキャリアに興味を持たせることです。

モチベーションの項でも触れましたが、管理職や経営層が持つ仕事への緊張感や危機感を、立場や視点が違う部下に持たせることは非常に難しいものですよね。

興味も仕事への動機付けの1つですが、他人から興味を強制的に植え付けることはできません。〝上司の興味の対象〟に興味を持たない部下にイライラして「君はもっと仕事に興味を持ったほうがいい」と叱っても、部下の興味が湧くことはないでしょう。

「仕事に興味を持って主体的に取り組んでくれないかなあ」と嘆くお気持ちはわかりますが、起業した人やよほどの目的意識があって入社した人でなければ、仕事への興味は低くて当たり前です。

毎朝の通勤、上司からの指示、仕事の優先順位付け、電話を率先して取るなど、興味の要素がないことに興味を持てないのは普通のことです。では、世の中でなぜ仕事が回っていくのかというと、皆さん「マイナスを回避する」ことには自発的に興味を持つからです。

毎朝時間どおり通勤するのも、上司の指示に従うのも、自分の仕事を片付けるのも、電話を取るのも、給料をもらう以上は、叱られたり、周りに迷惑をかけたりしないために最低限やれることです。

上司の皆さんも興味のない面倒な会議に出席するのも、読むのも面倒な分厚い報告書や通達に目を通すのも、行き着くところ「怒られたくないから」「評価を下げたくないから」という理由が大きいのではないでしょうか。

ところで、皆さんは、**部下がふだんどんなことに興味を持って生きているか**に興味を持たれたことはあるでしょうか？

「こいつはなぜ仕事しないんだ？」というところではなく、「なぜこの仕事に就いたのか？」「仕事への一番の原動力は何か？」という「**部下の興味**」**に興味を持ってみることが部下を動かす第一歩**だと思います。

上司ができることは、目の前の仕事に興味を持たせることではなく、業務でいろいろな経験をさせたり、たくさんの人に会わせていくことです。その中で、年齢や立場が上がるとともに自己の成長や将来に対する興味が自然と湧いていくのです。

部下に仕事への興味を持たせたいのなら、部下に、

「ふだんは、どういうことに興味がある？」
「どんな時に熱中するの？」
「どんな成果が出たときが嬉しい？」

などを聞いてみてください。人は疑問をぶつけられると興味が湧いてきます。興味があるから疑問が湧くのではなく、疑問を持つから興味が湧くのです。

「人に興味が持てない」という若手の方に「今日お会いしたお客様ってどういう価値観の人？」と質問を投げかけてみると、「そういえばまだよく知らないですね。次お会いした時に聞いてみようと思います」と自分の情報量や質問力の足りなさに気づき、その先にあるお客様に興味を持つことができます。

私の知人のパティシエの話ですが、彼はケーキを作ることよりも、食べた人の表情や、「美味しかった！」の声をいただくことに興味があると話していました。まさにここです。

大切なのは、**人は何をするかよりも、何が得られたのか、どんな成長ができたのかという「成果」に心が動かされる**ということです。建設現場にいる人は、ビルを建てる仕事ではなく、成果として自分が建てた建物が世の中の役に立って残っていくことが嬉しいのです。

前職時代の私は、数値目標は叱られたくない一心で何とかこなしましたが、本当にやりたかった社内講師の仕事には主体的に熱中して取り組みました。どうすれば面白い研修になるのか、笑いを取るためのネタは何か、どうすれば受講者によいアンケートを書いてもらえるのかなど研修の質を向上するための活動には、土日も使って学びを深めるなど努力を惜しみませんでした。少しでも手が空けば、常に何か研修の材料になるネタがないかといつもスマホを触っていましたが、周りからはサボっているようにしか見えなかったでしょう。上司も、「お前は本当に偏ってるな」といつも呆れていました。

今の私の興味は、研修で参加者が変化したり、学びの楽しさを知って喜んで帰る姿を見ることです。

そして、私がイキイキと研修講師という仕事を楽しんでいる姿を見せることで「研修講師の仕事に興味が湧いてきました」「どうしたらなれますか?」と興味の輪が広がっていきます。

組織でも、楽しみながら挑戦と成長を続けていく先輩上司の姿が増えることで、部下の興味も深まっていくのだと思います。

Q
uestion
質問45

ネガティブ思考な部下をポジティブにするにはどうしたらよいですか?

A
nswer
結論

人生においてポジティブだけを目指さないことです。

喜び、怒り、悲しみ、妬み、前向き、後ろ向き、幸福感、自虐心、恐怖、羞恥、罪悪、積極性、尊重感、羨望、忍耐……人にはさまざまな感情や心理的特性があります。そしてこれらは日々一定ではなく変化していくものです。

もし本当にポジティブだけが人生にとって最も重要な心理状態であるなら、人が進化してきた過程で、きっとネガティブな心理状態の多くは淘汰されていったはずです。

しかし、そうならなかったということは、私たちが今持っているどんな感情も心理状態も人生を生きるうえで有用だということです。私たちを取り巻く環境が常に変化しているなか、特定の心理状態に偏ったまま変わらない人は実は健全ではないのです。

では、なぜポジティブがネガティブに比べて良いとされてきたのかといえば、「ポジティブは気分が良い」からです。だれもが気分良くなりたいですし、悪いよりは良いほうがいいよね？　という、理屈ではない感覚があるからです。

しかし私は、過度なポジティブシンキングよりも、**両方の良い点、悪い点を理解し、自分の心理状態をコントロールして人生を歩むという「ホールネス（全体性）」という考え方**に共感しています。

ホールネス研究の第一人者である、トッド・カシュダンは一つの疑問を投げかけます。「もしもポジティブシンキングをはじめとする幸福感の追求が正しく、何百年も大切にされてきたのなら、なぜ世界に幸福というものが行きわたっていないのだろうか？」と。

アメリカジョージア州のエモリー大学が行った全年代のアメリカ人３０００人への調査で、自分の現状を心理的に幸福であると回答をした人は、わずか17％に過ぎなかったそうです。

ネガティブ感情は苦痛を伴い、自信を失わせ、他人に対して攻撃的にさせるもので避けるべきものとされています。しかし、たとえばスポーツでは怒りや攻撃性が原動力となってパフォーマンスを上げる効果があることに異論はないと思います。

スポーツ競技で「競争なんて馬鹿らしいからみんなで仲良くゴールしよう！」と提案する人、負けた後に原因分析もなしに「良い試合だった！」と明るく言うだけの人は、果たして自分を成長させるでしょうか？　それよりも「悔しい！　次こそは絶対に勝つ！」という、一見、マイナスに思える感情を辛い練習に向かわせるプラスのエネルギー源に変える人のほうが成長すると思います。

アメリカ特殊部隊のエリートにとって一番キツイ訓練は、ゴールを教えられないマラソンを延々と走らされることだそうです。

人は先行きの見通しが立たないこと、やるべきことが明確ではない状況が続くこと、自身でコントロールできない環境に置かれることに、強い精神的苦痛を感じます。

たとえ、仕事面や健康面、家族や経済状況に恵まれていても、そういった「心理的な不快感」に耐えることができなければ人生における幸福感は得られません。

心理的な不快感に耐えうる資質を「**不快情動耐性**」と呼びます。不快な心理を我慢するだけではなく、劣悪な環境に放り込まれても適応し、ミスをしても立ち上がって再度チャレンジしたり、先行きが見えなくてもやるべきことを見つけ出したり、自分の感情と向き合ってなすべきことを果たしていく能力です。能力ということは、努力次第で伸ばしていけるということです。

不快情動耐性を高めるには、ポジティブシンキングだけではなく、時には自分が持つネガティブな感情を利用して適応力を上げていくことが大切になります。

ポジティブだけ、快適だけを追求するのではなく、先ほど述べたホールネスの考え方のように、さまざまな経験を重ねる中で適応力を高め、後々「結果的に」幸せな人生だったという想いを持つことができるほうが〝前向き〟なのだと思います。

そもそも、人の感情というものはなかなか持続せずむしろ一時的なものです。人は物事や環境の変化に直面すると、最適な感情を探し出してポジティブとネガティブの間を行ったり来たりします。最終的に人間は、自分が進化するより発明によって環境を作り変えるほうを選びました。しかし、エレベーターやエアコン、美食、抗菌、宅配、サプリメント、スマートホン、リモートワーク……とより便利で楽ができる発明を生み、際限なく快適が追求された結果、快適中毒とも言える状態にまでなってしまいました。

信号やエレベーターを待つ数十秒の間にもスマートホンを取り出し、音楽はイントロを飛ばし、動画や映画は倍速で再生するなど、退屈という不快はワンクリックで排除されます。

SNSでは批判者をブロックし、うるさい上司にはハラスメントと叫び、人間関係がこじれたら転職して「自分に対する不快」を排除します。こうして自己にとって不快な感情を徹底的に排除することによって何が起きるかというと、快適のハードルがドンドン上がっていき、少しの不快も我慢できなくなり、十分こと足りているのに、より快適さを求めて人生をさらにアップグレードしようと求め続けてしまうのです。しかし、すべてが満たされることはありません。我慢という免疫を獲得していない人は、些細なことでネガティブ感情を強めていきます。

そして、常に襲ってくる不快感情を排除するために、SNSでは少しでも良い生活をしているかのように自分を飾ったり、写真を修正したり、時には他人を侮辱する発言を書き込みまでして自分の優位性を確認しようとします。

人はネガティブを避け、ポジティブでいようとすればするほど不快情動耐性が下がり、困難への取組みや成長意欲が下がります。自己成長感が満たされなければ、人への貢献もできず、結局マイナス感情だけが強くなっていきます。

ではどう対処したらよいのかというと、部下にネガティブな心理状態に陥っている状況や環境と向き合わせて、そこから自分自身の成長につながる経験や学びを得る支援をすることです。具体的には、

- **ネガティブ感情も人生にとって必要なリソース（資源）であることを伝える**
- **今のマイナス感情について説明させる（一言で言うとどんな感情か？）**
- **現状で得られるメリットとこの感情から脱出する方法を複数書かせる**
- **最悪の事態とその時の対応をシミュレーションさせる**

などの方法を試してください。大切なことは、部下本人が、今の感情を排除するのではなく、向き合ったうえで前に進むための認識に変わることです。

そして、認識が変わった後は、**ポジティブでもネガティブでもなくエクスペクティブ（行動的）な姿勢で生きることが自分の心を鍛えていく**のです。

人生においては、むやみに直接的、短期的なポジティブを志向するのではなく、現在のネガティブも利用して、後で振り返った時に「あの経験は人生の宝だった」「あの困難のおかげで今の自分があるんだな」という中長期的な受け止めと心のコントロールができるように関わっていくことが大切だというお話です。

Question
質問46

ミスをして落ち込んでいる部下にはどんな声かけをすればよいですか？

Answer 結論

元気なときに本人に聞いておきましょう。

本書の至る所に出てくる「部下との対話」。この大原則ができていないために部下との関係に困って相談に来られる上司のなんと多いことでしょう。しかし、私も昔は部下とまったく対話できない上司でしたので、皆さんのお気持ちもよくわかるのです。

優しい上司なら、ミスして成果が上がらずに落ち込んでいる部下を見ると、

「仕事が嫌になってしまうのでは」

「会社を辞めてしまうのでは」

と心配になると思います。何とかして早く立ち直ってもらいたい一心で、

「いつまでも落ち込んでたらダメだよ」

「もう気にするなよ」

「まだ気にしてるのか？　ポジティブに行こうよ！」

など、さまざまな声かけをされるのではないでしょうか。しかし、今回の質問をしてくれた方は、いろいろな声かけをしても効果がなかった方です。

ミスをした時の感情は人によって異なります。したがってそこから立ち直る方法も、そのときに望まれるサポートもバラバラだということを踏まえたうえで、結論的にはやはり、しっかりと部下と対話することが一番だと思います。

人の心が弾力性を失い、いわゆる落ち込んだ状態になる理由は大きく3つあります。

①こんな失敗をして恥ずかしいという「羞恥」の感情
②みんなに迷惑をかけてしまったという「罪悪」の感情
③衝撃的な出来事に心が受けた「ショック」の感情

人が落ち込んでいる時は、これらの感情に襲われ、心が混乱している状態です。それが落ち着くまでは、他人にどんな言葉をかけられてもむなしく響くのです。

しかし、「羞恥」と「罪悪」の感情は、一人の時に何か失敗したとしてもほとんど生じることはありません。たとえば、自宅で一人食事中に飲み物をこぼしたり、食器を割ったりしても「あーあ」とは思っても、「恥ずかしい！」「なんてことをしてしまったんだ！」と頭を抱えて落ち込むことはないと思います。

このあたりにどうすればよいか、解決の糸口がありそうです。羞恥と罪悪の感情は、落ち込む要因が発生して、周りにいる他人への影響を考えた時や、他人に見られていると意識した時に起きやすいのです。

他方、仕事のダブルブッキングや、発注数を間違えて取り返しがつかなくなったなど、突然の予期せぬミスが発覚して頭が真っ白になる衝撃は、羞恥や罪悪を超えた自分の生存にも関わる「ショック」として直撃するでしょう。

ショックは、周りに誰もいない一人の時のほうが大きいかもしれません。むしろそばに誰かがいる場合には強がってショックを受けていないフリをすることもあります。私の父が亡くなった時、母は私たち子どもの前では気丈にしておりましたが、一人になるとショックで感情の起伏が激しくなっていたと後に語っていました。

落ち込みから立ち直らせようとする時に忘れてはいけないのが、本人が落ち込んだ原因、たとえば大きな失敗が原因ならば、それと向き合わせることです。当人が間違えたこと、できなかったこと、うっかりしたことなどとしっかり向き合い、次に同じ失敗を繰り返さないためにはどうすればよいのかを考え、修正する体験をさせるべきなのです。

実は、その時、失敗して湧いた感情が羞恥だったか罪悪だったかで、回復度合いに差が出てくるのです。どちらが心の立ち直りが早いかというと、失敗して「罪悪感」が湧いた人です。**「(自分が)恥ずかしいなあ」より、「(みんなに)迷惑かけちゃったなあ」という罪悪感**

のほうが、次に挽回する行動に向かいやすいのです。

ところが、失敗して「羞恥心」を感じる人はプライドが邪魔をして、自分のせいで失敗したという事実を受け止めるまでに時間がかかります。「自分が恥をかいたのはこんな難しい仕事を振った上司のせいだ」「自分は悪くない」と、他責に向きがちになります。

羞恥を感じる人に対しては人前で叱るのではなく、失敗に対してどう挽回するのか、どう工夫してミスを減らしていくかなどを対話していくことが有効です。

いずれにしても、部下が失敗に対してどう感じるかはコントロールできませんので、平常時、**まだ失敗やミスが起きていない、本人が元気な時に共有しておくとよい**でしょう。

たとえば、

「○○さんは、ミスをした時にはこれまでどうやって立ち直ってきたの？」

「どういう時に落ち込むことが多いの？」

のように、部下が失敗をした時にどんな感情になるのか、どうやって心を回復させるのかを聞いておくことです。「そうですね。仕事で挽回します」「みんなに謝ります」「しばらく落ち込みますが寝れば治ります」など、答えはいろいろでしょう。そこで「そういう時、上司である私は早く立ち直ってもらうために何と声をかければいいんだろう？」と聞くのです。

これに対して「一緒に原因を考えてほしいです」「いや、何も声をかけないでくれませんか」

「落ち込んでもやることはやりますので、次の仕事をください」など、失敗した時にどうしてほしいのかをお互いに共有しておくことで、部下も安心して仕事に取り組むことができます。

しかし、

「推しのアイドルが結婚した」
「勝てると思った相手に試合で負けた」
「身内に不幸があった」
「思わぬ病気が発覚した」
「信じていた人に裏切られた」
「可愛がっていたペットを亡くした」

など、心の準備がない時に前ぶれなく降りかかってきたショックは、心に大きな負担となります。

そんなときには「時間薬」といって、**時間の経過とともに心の中で、起きてしまった出来事に折り合いをつけたり意味付けを変えたりすること**が一番です。

別れを経験しても、新しい恋が始まれば、「この人と出会うための失恋だった」と意味づけを修正するようになります。

私の父が亡くなったときの母は、「もっといろいろやってあげたかった」とショックを隠しきれないようでしたが、親族で集まって子どもや孫が元気でいるのを見ながら、ポツリと「お父さんは幸せな人生だったわね」と前向きな言葉を口にするようになっていきました。

ショックを癒やすには、**自分の中にある認知が変わっていくための時間と、自分に残されたものに目を向けること**が大切なのかもしれません。

Question
質問47

いつも愚痴や不満を口にする部下への指導方法とは？

Answer 結論

愚痴や不満は「悩み」に変えてあげましょう。

職場で愚痴を口にする部下を「お前、愚痴ばかり言うもんじゃないぞ」とか「みんな大変なのは同じなんだよ！」と叱ったところで止まるものではありません。

叱られた部下がハッと我に返って仕事をするようになるかというとそんな簡単にはいきませんよね。日常生活では、しかも仕事に対しては誰しも愚痴や不満の1つや2つは普通に出てくるものです。

部下がブツブツ言っていても、「しょうがない、納得いかないけどやるか……」と行動に移そうとしているのなら放っておけばよいと思います。

ただ、その愚痴のせいで、周囲まで不満を口にし始めたり、意欲をなくしたりするようなことが起き始めているのでしたら、対処が必要です。

人がネガティブ感情を言葉にする時は、たいてい悩み、嘆き、不安のいずれかを表現しています。まずはこの3つを区分して言語化しましょう。

「悩み」と「嘆き」と「不安」は時系列が異なっており、それぞれ現在・過去・未来とひもづいています。悩みは現在、嘆きは過去を思って、不安は未来を思って生まれる感情です。しかし、未来と過去とはどこにもない想像の産物ですので、最終的に現在に戻していくのが対処の原則です。

「不安」とは、「まだ起きていない未来に対する心配」です。人は時間ができると、ふと「この先自分の業界は安泰だろうか……」「自分は成長していけるのだろうか?」「この人と付き合っていて大丈夫だろうか」、と実際には起きていない悪いことを想像して心配し始めます。不安は人間だけが持つ感情と言われますが、そのおかげで備えることができたり数々の発明や発見が生まれたのですから、不安は役に立つ感情でもあるのです。

愚痴や不満は「嘆き」に該当します。自分でコントロールできないことや、すでに決定されている不本意な過去について「なんで自分だけに仕事を振るんだよ」「こんな高い目標達成できるわけがない!」「上司は自分のことはほったらかしで同行訪問もしてくれない!」など、自分でコントロールできない事象について、自ら折衝や交渉、行動せずにただただ「自分は被害者だ」と周りに吹聴している状態です。ただし、嘆きにもストレス発散という効果はあるので、話を聞いてあげることは大切です。

そして、不安も嘆きも、**対処法は時間軸を現在に置き換えて「悩みに変える」こと**です。「悩み」とは、今、目の前で起きている問題や課題を解決したいという気持ちをいいます。

部下が不安や愚痴を口にした時、「うるさいな」と思うのではなく、「心に何かが起きているのかな」と想像し、部下に話を聞いてみましょう。心配なことがあるのなら、「今のあなたにできることは何だろうか？」「今から備えておけば安心なことは何だろう？」と質問をするのです。

それは人脈作りかもしれませんし、貯金かもしれませんし、資格の勉強かもしれません。自発的に問題解決への行動をとるしか、自分の心を嘆きや不安から解き放つ道はありません。「自分に今できることは何だろう？」は解決思考という〝習慣〟を身につける第一歩なのです。

Question
質問48

自己中心的な部下への指導方法とは？

Answer
結論

中長期的に「脱・中心化」を促しましょう。

過去、哲学者や偉人たちは「人間の本性は善なのか悪なのか？」と悩んできました。性善説と性悪説というものです。

人は善や悪という概念が生まれる前から存在してきたのですから、私はもっとシンプルに、**人の本性は「利己」なんだと考えています。**なぜなら、人は自分のことを優先する〝利己〟でなければ生きられない状態で生まれて、社会生活の中で他人に還元していく〝利他〟へと成長をしていくものだからです。他人のために動いて他人を助けることが回り回って自分に還ってくる、つまり**利他こそ究極の利己である**と思います。

大人になっても自己中心的な人(成長途上の人)の特徴として、想像力の欠如、強い自己愛、狭い視野、社会常識の欠如などが挙げられます。社会で生きていく以上、他人に助けてもらうこともありますし、自分の経験や能力を組織や社会に還元していくこともあります。これらは生存戦略として機能するのですが、他人の痛みを理解せず、自分の経験や知識を他人のために使わない人はいずれ組織や社会で孤立し、自然に淘汰されていく運命が待っています。

しかしながら、自己中心的な人にとって「相手の立場に立つ」のは非常に難しいことなのです。「これを言うと相手は傷つくかも」といった対人感受性や共感力を発揮することが習慣的にできません。

利己的な人は、原因が自分であることに気づかず、身勝手に振る舞い、職場の空気は悪くなり、ストレスが溜まった人たちは、不快を持ち込む人を排除するほうに動くので、本人は周りから浮いていきます。自分勝手なふるまいで問題を起こす人が持っているバイアスを**「自己中心性バイアス」**と呼びます。

自己中心性バイアスは、自分の心を相手は理解しているはずだ、と思う心のことで、通常、主に幼児期に現われます。幼児は、気に入らないことがあれば親の気持ちや今いる場所などの状況を理解せずに暴れたりぐずったりします。また、子どもは嫌なことから全力で逃げる一方で、人からは賞賛されたいという気持ちを持っています。幼児は「今自分が泣いたら迷惑をかけるな」とは思わないのです。

人間は成長の過程で、他者と交流したり、他者の視点から物事を眺めたり、相手がどう感じたかなどを想像することで、「メタ視点」という客観性を身につけます。

コミュニティにおいて、して良いことと、悪いことの区別を付けられるようになり、他人と互恵的な関係を作りながら次の世代に対する責任を果たす自己犠牲（利他）という発達段階を踏んでいきます。反面、心を許せる相手や自分を叱らない相手に対しては自己中心性バイアスが出やすくなります。

上司がすべきは、この自己中心的な部下の「**脱・中心化**」（相手と自分が異なることを理解する成長過程）を促すことです。自己中心的な人であっても、わがままな行動の後に心のどこかで「またやってしまった。自分のわがままな性格は治さないとなあ」と反省しているものです。上司は相手の自己中心的な考えに働きかけて治そうとするのではなく、「自分と向き合わせる」お手伝いをするのです。

部下の自己中心的な行動、たとえば「みんなで作業すると決めたのに黙って一人で先に帰った」という事実があれば、「あなたは自分だけ先に帰ってしまったけど、その行動は自分勝手だよね？」と聞くのです。ここで大切なことは「**あなたは自分勝手な〝人〟なのではなく、あなたの〝行動〟が自分勝手だった」という伝え方をする**ことです。

人は人格を攻撃されると即座に防御反応を起こしてしまいます。あくまでも人格ではなく、良くなかった行動を指摘します。また、当人には気の済むまで反論させることも必要です。その後で「本当はどうすべきだった？」と相手の中にいる、わがままは良くないと考えるもう一人の相手に向かって問いかけるのです。

無事この問いかけが響いて自分の言動と向き合えた人は、「そうですね。本当はみんなを手伝うべきだったと思います」のように、周囲に対する申し訳ない気持ちが顔を覗かせます。

また上司は、後輩の面倒を見たり、人を手伝うなどの利他的な行動を見つけたら、すかさず「あなたの行動にみんな感謝していたよ」とフィードバックしてください。それを繰り返していくことで、だんだんとその人の社会性は増していくと思います。

脱・中心化のポイントは、

①自己中心的な部下のふるまいが組織にどんな問題を起こしているかを見つける
②自分の言動を振り返らせる
③中長期的な視点で振り返りと向き合う時間を習慣づける

この3つです。

Question
質問49

すぐに「ムリです」「できません」と言う部下への指導方法とは？

Answer
結論

本人のメタ理解力を上げるための対話を続けていきましょう。


「営業は絶対にイヤです」

「今手一杯なのでこれ以上できません」

「これ一人で全部やるんですか？　ムリです」

そんな言葉で、自分で自分の限界や活動範囲を決めてしまい、能力を伸ばしていく努力から目を背ける人は、いつの世にもどの組織にも一定数います。

私も、若手の方とお話をしていてしばしば感じるのが、「**ん？　なんでやったこともない仕事をムリというのだろう……？**」という素朴な疑問です。もし身内だったら「ごちゃごちゃ言わずにやれよ！」と説教をしているかもしれません。

10年前と比べても情報量が数十倍、数百倍以上に増えている現代、毎日スマホから流れてくる情報や他人の成功体験、失敗体験に目を通していると、自分は何も経験をしていないにもかかわらず、あたかも経験値が上がり、物事を正確に知る力が芽生えたかのような錯覚に陥ることがあります。いわゆる「勘違いヤロウ」が日々量産されていくわけです。

私も含めて、人は勘違いをする生き物です。私が独立する時、上司に「お前な、独立なんて簡単なものじゃないぞ」と言われ「あんたは独立したことがあるのかよ」と心の中で反論したものでした。そして、経験がないのに自信満々で独立してはみたものの、半年間は収入がなく、「辞めなければよかったかも……」と後悔する自分がいました。

さて、今回のご質問への回答ですが、**やってもいないのに「ムリ！」とか、逆に「自分はできます！」と言い切ってしまう人はどちらも自分へのメタ理解力が低い人**です。

厳しい言い方をしますと、こうした発言は、自分自身の能力や業務量、業務処理時間などを客観的に評価する力が低く、自分が断ったら他の人に迷惑がかかるといった状況に想像が及ばない狭い思考の中でのものに過ぎません。

人の能力というものは、本人にとって少し背伸びした経験を積まない限りなかなか上がることはありません。ですから、上司としては「ムリ！」という部下をそのままにしてはいけません。

人間関係ができている部下が相手なら、「まあ、そう言わずにまずやってみろ。フォローするから」と気軽に言うことができます。しかし、そうでない場合は、相手の認知や業務量を客観的な物差しで再測定してあげることをおすすめします。

これを「スケーリング」といい、人は**感情で拒否していることでも数値化されると、冷静さを取り戻して現実と向き合おうとする**兆しが出てきます。

たとえば、「忙しくてムリです！」「自信がないです！」と言う部下には「ＭＡＸを１００％だとしたら、今何％くらいの仕事量だ？」とか「１２０％難しい？」などと聞くのです。「１２０％ムリ？」と聞かれて「はい！　ムリです！」と言い切る部下はほとんどいません。「いや。まあ、１２０％ではないですが……」と客観的になり始めます。

「10割でなくてもいいんだ。何割くらいできそう？」と聞いても、頑なに変化や成長の機会を拒否する人は、職場の人間関係か家庭の悩みなど心に余裕がなくなる何かを抱えていたり、ここまでの人生で、ムリと言っておけば済んだ環境が長かったりしたために「ムリ！」が習慣となってしまっていることも考えられます。

時間はかかりますが、人的資源が乏しい昨今、「辞めちまえ！」というセリフはしっかりと飲み込んでいただいたうえで、少しずつでよいので、業務を分解し、できることを部下と一緒に見つけ、実践してみてできたところを承認してあげ、失敗は一人で抱えずに上司が力になることを繰り返し伝えていくことです。

Question

質問50

「自分にはやりたいことがない」「強みがない」と言う部下への指導方法とは?

Answer 結論

自分がやりたいことや強みは他人のために生きる時に見つかります。

おかげさまで私は今、自分の強みを発揮して、やりたいことで生きています。しかし、自分がやりたいことに出会うまで、入社して15年以上かかりました。

会社員の多くは「やりたいことって何?」「あなたの強みは何?」と聞かれても即答できないのではないでしょうか。私自身も30代半ばまでは、漠然と「優雅な暮らしがしたい」とか、「もっと自由に自分らしく生きられたら」といった願いはあってもその中身を具体的に言語化できませんでした。

自分の強みを聞かれたら、就活中の学生ならば、

「私の強みは誰とでも仲良くなれることです」

「粘り強く最後までやり切ることです」

「リーダーシップを取って率先垂範できることです」

こんなふうに答えるかもしれません。しかし会社に入ると、面接で堂々と主張した、自分で強みだと思い込んでいたことも、社内の上下関係に縛られたり、部門をまたいだ調整が必要だったり多種多様な仕事に追われたりと、少しずつ無力感に変わっていきます。

「あれ、自分の強みってもしかして会社で役に立たないんじゃ……？」

「強みだと思っていたけどみんな普通にできていることかも……」

「先輩たちはすごいけど自分は役に立っていない……」

「自分はもっとねばり強いと思ったけど、仕事が難しくて挫折しそうだ」

と、学生時代に持っていた自信が打ち砕かれ、毎日の忙しさに追われるうちに、

「いったい自分は何をやっているんだ？」

「ここは自分がいるところではないのでは？」

のように迷いも生じてきます。

ところで、「強み」とはいったいなんでしょうか。「好きで人より得意なこと」と言う人もいます。しかし、この定義では、部下が「私はオンラインゲームが大好きで得意なのでそれが強みですね！」と言い出しても、上司としては「それは違うだろ」と苦笑いするしかありません。

私が考える強みの定義は、次の5つの条件が含まれるものだと思っています。

①能力的にそれほど苦労しなくてもできてしまうこと
②好きで今後も伸ばしていけること
③複数の人から「絶対その道が向いてるよ」と言われること
④誰かの困り事（悩みや不安）を解決できること
⑤それらを発揮して稼げる特定の市場（ジャンル）があること

仕事をするうえでの「やりたいこと」は、趣味とは違い、「自分の強み」を活かして、自分が他人や社会の役に立っている「貢献感」に出会うことをいいます。

もしあなたが**他人より優れた特質を持っているのであれば、それを持たない他人や社会に役立てることで初めて長所や得意が強みに変わる**のだと思います。

私は、何の取り柄もない人間だと思っていましたが、仕事を通じて自分の経験や考えを体系立てて言語化することは特段苦ではなく、能力も伸ばせました。研修の仕事は、自分しだいで伸ばしていける、成長が楽しめるものだと気づけたのです。

そして、独立や起業をしている仲間たちから「あなたはそっちの道が合うよ」と言われたことに気をよくして、市場調査をしたうえで講師として独立後、今に至っています。

しかし、これも前職での出会いや営業経験、管理職経験があったからこそ見つかったものだと感謝しています。

私は、「やりたいこと」は「○○になりたい」といった憧れとは違い、現実に経験したことや出会った人の中から見つかるものだと教わったのです。

上司は、部下に幅広くさまざまな経験を積ませ、その経験から見つかるであろう「得意なこと」を伸ばし、スキルが育ったら他者へ貢献する機会を与えていくようにしていくことで、本人にやりたいことへの自覚が湧いていきます。

「コレこそ自分のやりたかったことだ！」という自分の強みが他者貢献につながった発見の喜びは、今後どんな困難をも乗り越えられる力になるでしょう。

私の経験から一つ言えることは、誰しも**やりたいことがないのではなく、「まだ出会っていないだけ」**ということです。

Q
uestion
質問51

常に「自信がない」と言う部下に自信をつけさせるにはどうしたらよいですか？

A
nswer
結論

自信とは「自覚」であり、自覚は他者への勇気ある行動で強固になります。

「自信」とは、未来の自分も含めた自分を信じる力です。自信がないということは、自分の思考やスキルなどの力に対する自覚がないということであり、未来の自分を信用していないということです。

自分を信じる力とは、困難を乗り越えたり、目標に向かって努力をしたり、失敗を改めるなど、体験からの学びの蓄積を通じて自分の心に「自分はこの状況を脱する力がある」「自分には未来を切り開く力がある」という〝自覚〟が積み上がっていくことを指します。

そして、自分を信じる力をつけるためには「勇気」が必要です。勇気とは、自分の能力を客観的に自覚して、能力を超えた問題に対しても「今の自分にできるかわからないけど、困っている人がいるからやらなければ」「成功できる確率は低いけど、成功したら喜んでくれる人がいるからやってみよう」など、功名心より他者への貢献と経験後の成長への期待が原動力となる心の状態を言います。

よく「根拠のない自信も大切だ」と言う方がいます。根拠のない自信の効果は否定しませんが、自分の能力を自覚していない挑戦は、時として「過信」や「無謀」と呼ばれます。**勇気と無謀の区別のポイントは、そこに知性や熟考があるかどうか**です。無謀な人は、たとえば蓄えや人脈、やりたいことがないのに会社を辞めるなど、自分への過信だけでは背負えないほどのリスクを抱えがちです。ふだんから「まあ何とかなるだろう」「走りながら考えるよ」といった口癖がある人は要注意です。

つまり、会社の仕事に「自信がない」と言う人は、自分の能力への自覚と他者への貢献の想いや思考がまだ薄い、言ってみれば社会人として未成熟な状態にあるといえます。

どうしたら自信をつけさせることができるのか？　と悩む上司にお聞きしたいのですが、会社の評価項目や上司であるあなたの評価の観点に、

・成功のために挑戦をした回数

・失敗から立ち直った回数

・他人のために難しい行動をした回数

などはありますか？　おそらく（というか絶対に）ないと思います。

会社というところは、「いかに期待される成果を挙げたか」「いかに失敗しなかったか」「い

かに物事をうまく実行できたか」「いかに周りと協調できたか」「いかに周りとうまくコミュニケーションできたか」などが評価される場です。評価されなければ、給与などの待遇や昇進昇格などの処遇に影響することになります。つまり、**うまくやることが前提の文化の中でいかに失敗をしないかを求められる**のですから、自信をつけるためのチャレンジがしにくいのです。

新人や若手も、入社した時からそうした空気を肌で感じ、上司、先輩の会話やふるまいを見て、「失敗は悪いこと」という価値観が刷り込まれているわけです。

にもかかわらず、表面的に「失敗してもやり直せばいいから」「自信よりもやってみることが大切だよ」と指導されても「失敗したら迷惑をかけてしまうし、評価も下がって立ち直れないかもしれない」と恐怖のほうが勝れば、勇気を奮うことはできなくなってしまいます。

部下に大きなチャレンジを求める前に、まず組織に他者貢献の文化を根付かせ、メンバーの挑戦する行動を評価し、失敗に喜び、成長に驚き、期待することをやめないことです。

上司であるあなたの心の評価項目に「他者への貢献」や「失敗から学び立ち直った回数」を追加し、部下に勇気ある行動が増えていくのを温かく見守ってほしいと思います。

Question

質問52

「特に偉くなりたいとは思いません」と言う部下への指導方法とは？

Answer 結論

昇進昇格のタイミングでもう一度聞けばそんなことは言わないはずです。

自分が昇進昇格したからこそ、部下にもそこを目指してほしいと思う気持ちはとても自然なことです。だからこそ、部下から「特に偉くなりたくない」などと言われてしまうと、自分を否定されたような気持ちになる方も多いのではないでしょうか。

私も研修で、偉くなりたくないと話す若手に理由を聞くのですが、「偉くなってもあまりよいことがなさそうだから」「責任だけ重くなって辛いだけだから」「現状に満足しているから」「上司が毎日楽しそうに仕事をしていないから」「管理職になっても立たされて怒鳴られているから」と、寂しい言葉が返ってきます。

昇進昇格は会社が決めることですから、いくら「なりたくない」と思っても管理職になってしまうかもしれませんし、逆に出世を願っても叶わず、不満を抱える人も出てきます。企業も、日々頑張っている皆さんにできる限り処遇で報いたいと願いながら、コストやポストには現実的に限りがある以上、どこかで差をつけなくてはいけません。

最近、**「働かないおじさん問題」**がネット上でクローズアップされています。業績よりも年功で給与が上がってきて、今や必死に仕事しなくてもある程度の待遇が保障されている人たちが若手のやる気を削ぎ、組織の生産性向上を阻害するなどといったケースが多数報告されています。

そうした中、最近では、一定の職位に就けなかった場合は待遇を下げるという制度改定を行う企業も増えており、限られたリソースを若手に分配して退職を抑制する考え方が主流になりつつあります。たとえ社歴が浅くても仕事で成果を出せば給与や地位で厚遇し、年配者は関連会社への出向か、早期退職制度を選択するか、低い給与で会社に残るかといった選択肢が常識となる社会の到来も目の前です。

この流れが今後も加速することがある程度見えている今、働かないおじさんを嫌悪しておきながら「やる気なくした！」と一生懸命にその立場を目指してしまっている若手を見ていると、人生の先輩として何かしてあげられることはないだろうか、とよく考えます。

転職が当たり前になっている現在でも、会社員として働く以上「偉くならなくてもいい」はあまり意味がない考え方であることを理解してもらいたいものです。

もっとも、偉くなる選択肢以外にも、専門職種で給与を上げたり、副業で収入の上乗せを狙ったりできる時代です。私が言いたいのは、**偉くなろうがなるまいが、自分の市場価値や能力は高め続けていかなければいけない**ということです。これは上司の皆さんにも言えることです。

今や安定した雇用と普通の生活だけでも贅沢な願いです。この厳しい時代を生き抜くには、上司も若手も経験値を上げ、失敗と向き合い、へこんでも立ち上がり、自己研鑽して社会やお客様に還元できる人間を目指すことです。偉くなりたくないと言いながら高い給料と余暇を求める人は、下りのエスカレーターで足を止めてしまっていることに早く気づくべきなのです。

若手が偉くなりたくないと言うのは、同世代の仲間うちでうまくやっていくための社交術だとする説もあります。同期の多くが偉くなりたくないと言う中で一人だけ「俺は偉くなる！」と公言するのは、同期との間で軋轢を生むかもしれず、「自分も偉くならないでもいいかな……」と、周りに合わせているのでは？　という話です。

また、人は何かを始める前に、「セルフ・ディスカウント」という心理が働きます。セルフ・ディスカウントとは、たとえば試験前に「俺全然勉強しなかったよ～」と公言して、結果が出なかった時に備えて保険をかけることです。入社1、2年目のうちは昇進昇格に興味がなかった人も、5年、6年経ち、初めの昇進昇格の年次が迫ると急に同期を意識し始めます。

「あいつには勝てないけど、同期の中なら半分よりは上かな……」「昇進が同期から遅れるのは嫌だな」「自分はきちんと評価されているのかな」と心配になったりします。

ですので、入社1~3年目あたりの「偉くなりたくない」発言は、昇進した自分の姿がイメージできない若手の同期に忖度したセルフ・ディスカウントの可能性もあり、勤続年数が上がればそんなことを言う人はほとんどいなくなります。

したがって、上司の皆さんは、会社にいる以上は、昇進するか専門化を目指すかどちらかである、と伝え続けたうえで、会社が定める資格試験や与えられたミッションなどはきちんとこなすように指導してください。指導のポイントは「偉くなるため」ではなく、仲間やお客様への「貢献」です。偉くなりたくない人でも他人に貢献することを嫌がる人は少ないはずです。

きちんと仕事をして、人の役に立つ人は成果が出る確率が上がりますし、成果を上げてしまえば、会社としては昇進させないわけにはいきませんから、必ず偉くなっていきます。

もしかしたら、昇進したその時には、家族を持っているかもしれませんし、親の介護で資金が必要になるかもしれません。自分を取り巻く環境や意識が変わった時に「昇進を辞退します」などとはまず口にしないでしょう。

結論としては、若手の言葉や考えは成長とともに変わる可能性が高いのであまり気にしないこと、そして上司の皆さんは、昇進のメリットや「課長も悪くないよ。早く上がっておいで」といった期待を日々伝えるとともに、今を楽しく生きている姿を見せてあげていただきたいと思います。

Question

質問53

昇格が長期間止まったままでやる気がない年配の方への対応方法とは？

Answer 結論

次世代に残してもらえる何かを対話を通じて探しましょう。

スポーツでも仕事でも同じですが、人はゴールが見えてくると無意識にパフォーマンスが下がるようです。陸上の100メートル走で、ゴール目前で「勝った！」と確信した選手のスピードが落ちて、直前で1位を奪われてしまうことはよくあるそうです。そのためスプリンターは、最後に力が抜けないようにゴールテープのさらに数メートル先を仮想のゴールに見立てて走るといいます。

やる気の見られない年配社員が働かない一番の理由は、**今から頑張るにはゴールテープが近すぎる**ということだと思います。

私の前職でも、やる気がなく、毎日何しに会社に来てるの？ と思うような人がたくさんいました。大きな会社でしたので、自分が一生懸命に働かなくても、誰かが仕事をカバーしてくれて、年功によって自由と生活に困らない給与が与えられます。

「もう逃げ切れるのだから、わざわざリスクを負うこともないか」と、定年退職を待つ日々を過ごす方は、よほど強い動機付けがあれば別ですが、ある程度、精神的、肉体的なパフォーマンスが下がってしまうことは仕方がないことかもしれません。

このような方々の活用法は、「ああいう人になってはいけないよ」と反面教師にすることではありません。扱いを雑にすると、今以上に働かなくなるどころか、周りの足を引っ張り始める人も現れます。また、間違っても何とかやる気を出してもらおうなどと思ってもいけません。彼らは昇格できなかったのは会社のせいという理由のもと、自ら望んでやる気を失っているのです。

しかし、ここに来て状況が変わりました。50代の半ばに差し掛かり、定年退職まであともう少し、もう逃げ切れる……と思っていたところに、突然制度が変わり、要職に就いていない人の給料は下げられ、老後の蓄えを切り崩してローン支払いに充て、定年後も働かなければならないことに気づく人が続出しているのです。

どのように働くかについては、最終的にその人の人生ですので強制することはできません。しかし、完全に会社に背を向けて反抗心からやる気をなくしている人は、生産性が低いだけではなく、若手への態度が尊大だったり、不満や愚痴を巻き散らしたりして若手のパフォーマンスを下げてしまいます。

ほとんどの方は、これから新しいことを覚えようとか、成績トップを目指そうとこそ思わないものの、自分の仕事の範囲はこなす人なのだと思います。ただ、それが若手の眼には「働いていない」と映り、困った上司の皆さんは部下の不満を解消するために今回のようなご質問をしているのでしょう。

私は、その方々の今後のビジョン（何歳まで働きたいか、定年後はどんなことをしていきたいのか）をしっかりお聞きしたうえで、これまでのあなたの経験をこの組織に還元してほしいと依頼し、全員ではなくても、何割かの心ある方々がいれば、新人やパートさんたちの対話の相手や、難しいお客様への対処、専門知識の勉強会の講師や資料作りなどをしてもらうのがよいと思います。

人は、自分よりも他人のために貢献している時が一番モチベーションが上がります。ベテランならではの、限られた時間内に成果を上げる仕事術といった講義をしてもらう、人脈を後輩に伝えていただく、うまい電話の応対や苦情対応のコツをご指南いただくなどのワザを伝えていただくなども有効だと考えられます。

日本の企業は、これまでたとえ戦力にならなくても、定年まで生活の面倒を見てくれるありがたい制度のもと人材を配置してきました。変化の時代に貢献したくても適応できずに悩んでいる人材に活躍の機会を与えるのも上司の役目です。私たちもいつ時代とズレてしまうかわからない時代を生きています。

ここでの仕事は、定年後にまだまだ続く長い人生にもきっと役立つという対話をして、残った力を人や組織への貢献に振り向けてもらいましょう。

おわりに

本書は、これまで私の研修にご参加いただいた、部下を持つ立場の皆様からお寄せいただいた、さまざまなご質問に対して私の独断と偏見、そして最新の知見を交えた視点で語りました。

共感できる部分もあれば、首をかしげる回答もあったかと思いますが、ここまでお読みくださった皆さんの心に今残っているものがすべてだと思っております。

「はじめに」にも書きましたとおり、部下育成の正解を記したつもりはなく、あくまでも現場でお悩みの上司の皆様に**「自分の認知は本当に機能しているのだろうか?」**と自己批判的、内省的に考えていただくための書籍です。正解は、上司も部下も組織も一丸となって「現場から学び、動き、修正を続ける」中でしか見つからないと思います。

1979年に上梓され70万部超のベストセラーになった『ジャパン アズ ナンバーワン(阪急コミュニケーションズ)』という本の中で、著者である社会学者のエズラ・ヴォーゲルは日本的経営を高く評価しています。

曰く、日本の高い経済成長の基盤を支えたのは、日本人の学習意欲の高さと、新聞発行部数の多さ、日本人の1日の読書時間の合計がアメリカ人の2倍にも上る読書習慣にあると述べています。また、日本企業の強さの要因として、**「中間管理職という世界に類を見ないシステムが存在したからである」**という考察もあり、当時の日本企業における管理職が輝ける存在であったことがうかがえます。

あの栄光の時代はもう来ないにせよ、**日本の管理職システムをどのように活かせば、次世代の育成に寄与するのか？** という課題に答えるため、私はここ数年間、人の認知に関する切り口を用いたマネジメント研修を行っています。上司の皆さんは、次々と問題、課題、変化が襲ってくる現場で、日々部下と向き合い悪戦苦闘しておられます。今後も生活習慣、働き方、生き方、コミュニケーションなどの価値観に大きな影響を与える変化はいっそう加速しながら続いていくでしょう。

現代は、人類史上類を見ないほど豊かで長生きかつ便利な時代であるにもかかわらず、人類史上類を見ないほど精神疾患を抱える人が多い時代でもあります。私たちの脳は、テクノロジーの発展や環境の変化に即時対応ができません。しかしそれでも企業を存続させ、私たちは厳しい時代を生き残らねばなりません。それなのに仕事をすればするほど豊かな人生から遠ざかることはあってはいけないことです。

私が考える「豊かさ」とは「循環」です。自然が循環することで動植物や人類80億人が食べていける地球はなんと豊かなのでしょう。

上司とは、誰よりも学び続ける存在であり、組織に学びの習慣や利他的行動を循環させることこそが、私たちが豊かな人生を生きる一番の方法と信じています。

正直を申しますと、今の時代に部下を育成するというチャレンジができる皆さんが羨ましいです。私はその仕事を管理職の道半ばで放棄して講師として独立してしまいましたが、こちらも、研修などを通じて皆様の成長と学びをサポートする機会を賜った際には微力ながらお手伝いをさせていただきます。研修現場でお会いできましたら、ぜひお声がけください。

最後になりますが、本書出版のきっかけをいただきました経済法令研究会の榊原雅文様、西牟田隼人様、櫻井寿子様に心より感謝申し上げます。

最後までお読みいただきありがとうございました。

令和5年8月

白戸　三四郎

〈参考文献〉

内田樹『下流志向 学ばない子どもたち 働かない若者たち』講談社文庫（２００９年）
岡田尊司『人を動かす対話術』ＰＨＰ研究所（２０１１年）
岡田尊司『パーソナリティ障害』ＰＨＰ研究所（２００４年）
北尾倫彦『「深い学び」の科学』図書文化社（２０２０年）
熊平美香『リフレクション』ディスカヴァー・トゥエンティワン（２０２１年）
三宮真智子『メタ認知で学ぶ力を高める』北大路書房（２０１８年）
三宮真知子『誤解の心理学』ナカニシヤ出版（２０１７年）
鈴木宏昭『教養としての認知科学』東京大学出版会（２０１６年）
篠原真子、篠原康正、袰岩晶『メタ認知の教育学』明石書店（２０１５年）
中原淳『フィードバック入門』ＰＨＰ研究所（２０１７年）
細谷功『メタ思考トレーニング 発想力が飛躍的にアップする34問』ＰＨＰ研究所（２０１６年）
前野隆司『錯覚する脳』ちくま文庫（２０１１年）
前野隆司『脳はなぜ「心」を作ったのか「私」の謎を解く受動意識仮説』ちくま文庫（２０１０年）
松尾睦『部下の強みを引き出す 経験学習リーダーシップ』ダイヤモンド社（２０１９年）
守屋智敬『「アンコンシャス・バイアス」マネジメント』かんき出版（２０１９年）
渡部信一『「学び」の認知科学事典』大修館書店（２０１０年）
アンデシュ・ハンセン『ストレス脳』新潮社（２０２２年）
イーサン・クロス『Ｃｈａｔｔｅｒ「頭の中のひとりごと」をコントロールし、最良の行動を導くための26の方法』東洋経済新報社（２０２２年）

エズラ・F・ヴォーゲル『ジャパン アズ・ナンバーワン』阪急コミュニケーションズ（2004年）
エリック・バーカー『残酷すぎる人間法則』飛鳥新社（2023年）
クロード・スティール『ステレオタイプの科学』英治出版（2020年）
デイヴィッド・デステノ『なぜ「やる気」は長続きしないのか　心理学が教える感情と成功の意外な関係』白揚社（2020年）
デニス・S・チャーニー『レジリエンス：人生の危機を乗り越えるための科学と10の処方箋』岩崎学術出版社（2015年）
トッド・カシュダン『ネガティブな感情が成功を呼ぶ』草思社（2015年）
ドリー・クラーク『ロングゲーム　今、自分にとっていちばん意味のあることをするために』ディスカヴァー・トゥエンティワン（2022年）
ハイディ・グラント・ハルバーソン『やる気が上がる8つのスイッチ』ディスカヴァー・トゥエンティワン（2019年）
マシュー・サイド『多様性の科学』ディスカヴァー・トゥエンティワン（2021年）
マックス・H・ベイザーマン、ドン・A・ムーア『行動意思決定論』白桃書房（2011年）
メラニー・フェネル『自信をもてないあなたへ―自分でできる認知行動療法』CCCメディアハウス（2004年）
レイモンド・W・ギブスJr『比喩と認知　心とことばの認知科学』研究社（2008年）
レナ・イエリネク、マリット・ハウシルト、シュテフェン・モリッツ『うつ病のためのメタ認知トレーニング』金子書房（2019年）
ロバート・ビスワス＝ディーナー、トッド・カシュダン『ネガティブな感情が成功を呼ぶ』草思社（2015年）

●著者紹介

白戸　三四郎　（しらと　さんしろう）
株式会社ウィンケスト　代表
企業研修講師　認知神経科学会正会員　ビジネスメンタリスト®

生命保険会社の営業所長時代、マネジメントの失敗による全国最下位から全国トップ組織へと立て直した経験と独自の研修理論が金融機関などで対外的に評価されたことから2013年に独立を決意。成人学習理論と認知科学との出会いによって、退屈な研修を撲滅すべく年間5,000個以上の参加者のお悩みや疑問を扱う、学習効果を最大限に高めるソクラテス式学習メソッドを取り入れた独自スタイルの研修を開発。

これまでの延べ受講人数は40,000人を超える、認知的コミュニケーション指導の専門家。
総視聴数300万回超の教育系YouTubeチャンネル、自身のオリジナル動画見放題アプリ「MA－navi」での情報発信など、社会人の学びを普及する活動も行っている。

主な著書として、『ビジネスメンタリズム～ライバルがいない道を歩く技術～』（経法ビジネス新書）、『銀行員のための売れる！セールスコミュニケーション入門』（同文舘出版）、『誰も教えてくれなかった超人気研修講師になる法』（同文舘出版）などがある。

●白戸三四郎 関連WEBサイト

●公式サイト　株式会社ウィンケスト

(https://winquest.jp/index.html)

●YouTube チャンネル 「@sanshiro-channel」

(https://www.youtube.com/channel/UCLV8EIfhrAv0v3QXLK9pWqA)

●エデュケーションアプリ「MA-Navi」

[iOS版／App Store]

(https://apps.apple.com/jp/app/ma-navi/id1580902945)

[andoroid版／Google Play]

(https://play.google.com/store/apps/details?id=com.winquest.manavi)

上司の壁
部下育成に悩む上司の視点・盲点・思い込み

2023年9月20日　初版第1刷発行
10月17日　第2刷発行

著　者　白戸三四郎
発行者　志茂満仁
発行所　㈱経済法令研究会
〒162-8421　東京都新宿区市谷本村町3-21
電話　代表03(3267)4811　制作03(3267)4823
https://www.khk.co.jp/

〈検印省略〉

営業所／東京03(3267)4812　大阪06(6261)2911　名古屋052(332)3511　福岡092(411)0805

カバー・本文デザイン／清水裕久（Pesco Paint）
制作／西牟田隼人　櫻井寿子　印刷／日本ハイコム㈱　製本／㈱ブックアート

ISBN978-4-7668-3498-7

☆　本書の内容等に関する追加情報および訂正等について　☆
本書の内容等につき発行後に追加情報のお知らせおよび誤記の訂正等の必要が生じた場合には、当社ホームページに掲載いたします。
（ホームページ 書籍・DVD・定期刊行誌 メニュー下部の 追補・正誤表 ）